guides mondeos

Patrick de Wilde

Kenya, Tanzanie et Zanzibar

editions mondeos

Symboles

Distance entre l'aéroport et le centre-ville

Prix du trajet en train

Temps de trajet

Prix du trajet en bus

Prix de la course en taxi

Prix du trajet en bateau

Hôtels

** Simple et confortable

*** Bon confort

**** Grand luxe, très confortable

***** Très grand luxe

Restaurants

Très bonne table. Prix élevés

Bonne table. Prix abordables

Table simple. Bon marché

Titres de la collection :

Afrique du Sud, Algérie, Allemagne, Alsace, Amsterdam, Amsterdam et les Pays-Bas, Andalousie, Angleterre et pays de Galles, Antilles françaises, Argentine, Arménie, Asie centrale, Australie, Autriche, Baléares, Barcelone, Belgique, Berlin/Munich/Bavière, Birmanie (Myanmar), Brésil, Budapest et la Hongrie, Bulgarie, Cambodge/Laos, Canada, Canaries, Cap-Vert, Caraïbes, Chili, Chine, Chypre, Corse, Costa Rica/Panamá, Crète, Croatie, Cuba, Danemark/Copenhague, Dubaï/Oman, Ecosse, Egypte, Equateur et les Îles Galápagos, Espagne, Etats-Unis Est, Etats-Unis Ouest, Finlande/Laponie, Florence et Toscane, Floride/Louisiane/Texas et Bahamas, Guatemala, Grèce et les îles, Iles Anglo-Normandes, Ile Maurice, Inde/Népal, Inde du Nord, Inde du Sud, Indonésie, Irlande, Islande, Israël, Istanbul, Italie du Nord, Italie du Sud, Japon, Jordanie/Syrie/Liban, Kenya/Tanzanie/Zanzibar, La Réunion, Libye, Lisbonne, Londres, Madagascar, Madère et les Açores, Madrid, Malaisie et Singapour, Malte, Maroc, Marrakech, Mauritanie, Mexique et Guatemala, Monténégro, Moscou et Saint-Pétersbourg, New York, Norvège, Océan Indien, Paris, Pays baltes, Pérou/Bolivie, Plongée aux Maldives, Plongée en mer Rouge, Pologne, Portugal, Prague, Prague et la République tchèque, Provence-Alpes-Côte d'Azur, Québec et Ontario, République dominicaine, Rome, Roumanie, Sardaigne, Sénégal, Seychelles, Sicile, Sri Lanka/Maldives, Suède, Tahiti et Polynésie française, Thaïlande, Tunisie, Turquie, Venise, Vienne, Vietnam…

Crédit photos : Ghislaine Bras (www.ghislainebras.com), Patrick de Wilde, bibliothèque Sainte-Geneviève. **Affiches :** droits réservés. **Cartographie :** les Editions Mondéos. **Actualisation du guide :** Patrice Hauser. **Apport rédactionnel :** Marie Léon. **Conception graphique :** Thierry Renard. **Conception couverture :** Claudie Challois.

4 bis, rue du Dahomey, 75011 Paris – Tél. : 01 55 25 49 90 – Fax : 01 55 25 49 99
E-mail : contact@mondeos.com – Internet : www.mondeos.com

Dépôt légal : 3e trimestre 2010 – ISBN : 978-2-84754-467-1 – ISSN : 1292-1602

Imprimé dans l'U.E. – N° 201008.0270

Sommaire

Jambo ! (Bienvenue !)

« Jambo, jambo bwana », le bonjour swahili résonne dans toute l'Afrique de l'Est comme un tam-tam accueillant. Il se chante, se danse, se rit, pour être mieux souhaité et met le visiteur tout de suite à l'aise, dans l'ambiance. Plus qu'un hymne officiel, il est devenu une démonstration de joie, un label d'hospitalité, un indéniable signe de bienvenue.

Berceau du safari, le Kenya reste le leader incontesté dans le domaine du voyage animalier. Même s'il semble que le pays soit parfois victime de son succès, ses immensités sauvages n'en finissent pas d'attirer les visiteurs avides de se plonger dans le rêve, quelque peu nostalgique, d'une nature idéale.

Plus récemment ouverte au tourisme, et forte de l'exemple de son voisin, la Tanzanie a opté pour une politique résolument haut de gamme, en limitant le nombre d'hôtels au sein de ses parcs. Mais, si l'Afrique de l'Est séduit d'abord par la profusion et la variété de sa faune, ses atouts ne se limitent pas à cette seule richesse. Des forêts primaires du mont Kenya au bassin salé du N'Gorongoro, des glaces écharpées du Kilimandjaro aux étendues de sable blanc de Diani, des lacs émeraude de la vallée du Rift aux savanes fauves du Serengeti, des maisons de corail de Zanzibar aux huttes de cuir du Turkana, elle n'en finit pas de décliner la beauté sous toutes sortes de visages.

Marcheurs, archéologues, plongeurs, montagnards, ethnologues, aventuriers, ornithologues, historiens, éthologues ou simples curieux y trouvent leur compte en émotions, avant de se laisser aller aux délices balnéaires, sur l'une des bandes coralliennes du Kenya ou de Zanzibar.

Partir

Comment partir ?

EN AVION

Kenya

Vols réguliers depuis Paris

Kenya Airways, en partenariat avec *Air France*, relie 3 fois/semaine Nairobi depuis Paris-Charles-de-Gaulle. Un vol quotidien est également assuré en partenariat avec *KLM*, *via* Amsterdam.

Renseignements et réservation
KLM : 0 892 70 26 08 ; *www.klm.fr*
Air France : 36 54 ; www.airfrance.fr
Kenya Airways : www.kenya-airways.com

Corsairfly propose des vols directs à destination de Mombasa au départ d'Orly-Sud, 2 fois par semaine.

Renseignements et réservation
0820 042 042 ; www.corsairfly.com

Emirates propose 2 vols quotidiens sur Nairobi avec une escale à Dubaï. La compagnie assure 2 liaisons quotidiennes au départ de Paris.

Renseignements et réservation
01 53 05 35 35 ; www.emirates.com

Qatar Airways assure 11 vols hebdomadaires entre Paris Roissy-CDG et Doha et une desserte journalière Doha/Nairobi (3 vols hebdomadaires en correspondance Paris/Nairobi).

Renseignements et réservation
01 55 27 80 80 ; www.qatarairways.com

British Airways assure 1 à 2 vols quotidiens vers Nairobi au départ de Roissy-CDG avec un stop à Londres.

Renseignements et réservation
0 825 825 400 ; www.britishairways.fr

Vols réguliers depuis Bruxelles

SN Brussels Airlines assure 5 vols par semaine pour Nairobi dont 3 effectuent un stop à Kigali. *Jetairfly* effectue des vols jusqu'à Mombasa, avec escale à Zanzibar.

Renseignements et réservation
Brussel Airlines : 0 892 64 00 30 ;
www.brusselsairlines.fr
Jetairfly : +32 70 22 00 ;
www.jetairfly.com

Vols réguliers depuis la Suisse

Swiss dessert Nairobi tous les jours au départ de Zurich.

Renseignements et réservation
0 820 04 05 06 ; www.swiss.com

Dar es-Salaam

Vols réguliers depuis Paris

KLM en partenariat avec *Air France* assure 5 vols hebdomadaires au départ d'Amsterdam, avec un stop d'une heure à Kilimandjaro, pour rejoindre Dar es-Salaam.

Renseignements et réservation
KLM : 0 892 70 26 08 ; www.klm.fr
Air France : 36 54 ; www.airfrance.fr

British Airways assure 3 vols hebdomadaires, *via* Londres.
Renseignements et réservation
0 825 825 400 ; www.britishairways.fr

Emirates, au départ de Roissy-Charles-de-Gaulle, relie 7 fois par semaine Dar es-Salaam avec un stop à Dubai.
Renseignements et réservation
01 53 05 35 35 ; www.emirates.com

Avec 11 vols hebdomadaires Paris-CDG/Doha et un vol quotidien Doha/Dar es-Salaam, *Qatar Airways* assure 3 vols en correspondance hebdomadaire Paris/Dar es-Salaam.
Renseignements et réservation
01 55 27 80 80 ; www.qatarairways.com

Swiss assure un vol quotidien vers Dar es-Salaam, en passant par Zurich.
Renseignements et réservation
0 820 04 05 06 ; www.swiss.com

Vols charters

Des vols charter desservent les aéroports de Nairobi et d'Arusha (Kilimandjaro) au départ de Paris. Se renseigner auprès de votre agence de voyages.

TRANSFERTS AÉROPORTS

La ligne RER B vous offre la possibilité de vous rendre à l'aéroport Roissy-CDG, en train direct.

FORMALITÉS DOUANIÈRES

Pour le Kenya

Un **visa** est obligatoire pour entrer au **Kenya.** Il est à demander de préférence à l'ambassade à Paris, où il est délivré en trois jours ouvrables, avec 20 € en espèces et une photo d'identité. On peut également se le procurer sur place, à l'aéroport de Nairobi ou à celui de Mombasa. Mais attention, lors de la demande sur place, vous unir d'une attestation (montrant billet aller-retour) ou d'une photocopie de la facture de l'agence de voyage.

Pour la Tanzanie

Pour se rendre en **Tanzanie** un visa est indispensable. Il s'obtient en 48 h et coûte 50 €. Un passeport valable au moins six mois après la date de retour, une attestation de votre agence de voyages ou la photocopie du billet d'avion, ainsi qu'une photo d'identité doivent être produits.

ASSURANCES

L'**assurance assistance** proposée lors de l'achat d'un forfait ou d'un vol sec n'est pas obligatoire, mais elle peut éviter bien des désagréments, allant de la simple perte d'acompte au rapatriement médical en cas de problème majeur. Les dépenses médicales atteignent vite des sommes importantes et la médecine en Afrique de l'Est ne représente pas toujours les mêmes garanties qu'en Europe. Même si elle vous protège dans bien des cas, la carte bancaire ne couvre pas tout. Les détenteurs de cartes de crédit comme *VISA Premier* ou *Master Card* ont intérêt à s'informer auprès de leur agence du détail des prestations accordées pour l'assistance et le montant de la prise en charge en cas de problème.

ADRESSES UTILES AVANT LE DÉPART

Ambassade du Kenya

3, rue Freycinet, 75116 Paris, tél. : 01 56 62 25 25, fax : 01 47 20 44 41 ; www.kenyaembassyparis.org

Avant de partir

LA SAISON IDÉALE POUR VOYAGER

Coupée par **l'équateur** au mont Kenya, l'Afrique de l'Est connaît des jours égaux à ses nuits tout au long de l'année. Elle compte pourtant **différentes saisons**, marquées par les précipitations, ainsi qu'une **variété de microclimats.**
La période des grandes pluies s'étend habituellement de mars à juin. Celle des **petites pluies** d'octobre à décembre. Les saisons les plus agréables sont, normalement, celle des mois de **janvier et février** ainsi que celle comprise entre **juillet et octobre.** Ces derniers mois seront cependant plus frais, mais ce sont ceux, spectaculaires, de la grande migration. En fin de **période sèche,** vers septembre, les animaux ont tendance à se regrouper autour des mares et des rivières. Ils sont alors plus faciles à observer.

Notre saison coup de cœur

Les réserves restent ouvertes durant toute l'année et, si la circulation y est parfois difficile durant la période des pluies, l'intérêt qu'elles offrent à cette époque est d'autant plus appréciable que fort peu de monde les fréquente. Si la faune est alors éparpillée, **les lumières sont exceptionnelles** et les prix nettement plus bas. En contrepartie, la semaine la plus chère est celle de Noël. Il faut cependant rester circonspect envers cette division saisonnière car il est possible que certaines années les pluies se prolongent sans interruption d'octobre à juin, comme il se peut que la période sèche s'éternise.

Tableau des températures moyennes en °C

	Janv.	Mars	Mai	Juill.	Sept.	Nov.
	jour/nuit	jour/nuit	jour/nuit	jour/nuit	jour/nuit	jour/nuit
Nairobi	25/11	26/12	23/13	22/11	24/10	23/13
Mombasa	32/23	33/24	29/23	28/20	29/21	31/23
Zanzibar	30/25	31/24	30/22	29/19	29/19	30/22
Arusha	28/16	28/17	26/17	24/12	25/14	28/14

Différences climatiques

Le climat est plus **chaud et humide sur la côte** que sur les hauteurs du Rift. Les nuits au Masai Mara, à Amboseli, au N'Gorongoro ou au Serengeti peuvent être très fraîches. La température dans **le nord du Kenya** est tout au long de l'année très élevée.

BOUCLER SA VALISE

Vêtements de safari et maillot de bain constituent la garde-robe typique du voyageur de l'Est africain. De nombreuses boutiques, en ville comme en brousse, vendent des gilets multipoches, chemises multipoches, pantalons multipoches… ainsi que chapeaux de toile et casques coloniaux. Le tout de **couleur verte ou kaki.** Si cela peut vite faire « panoplie de Tartarin », ces **vêtements légers, en coton,** ont le mérite d'être bien adaptés à la région et de respecter une unité de ton esthétiquement appréciable.

Quelques conseils très utiles

Il est préférable d'**éviter les couleurs claires ou franches,** qui détonnent dans le paysage et effraient les oiseaux. Parce que les petits matins sont frais et que les soirées apportent les moustiques, **les pantalons et chemises à longues manches** sont préférables aux shorts et chemisettes. Il est indispensable de se munir de **produits antimoustique** et d'une veste chaude. Des **chaussures montantes** en toile sont idéales. **Le maillot de bain** est aussi indispensable que **la crème solaire,** y compris pour ceux qui limiteraient leurs activités au safari car de nombreux *lodges* possèdent une piscine. N'oublier ni **lunettes de soleil,** ni **lunette d'approche,** ni **couvre-chef.**

SANTÉ

Même si aucun vaccin n'est obligatoire dans les deux pays, il est plus que recommandé d'être vacciné contre **la fièvre jaune** et contre **la typhoïde** aussi bien au Kenya qu'en Tanzanie. Le vaccin contre la fièvre jaune est à faire 10 jours avant le départ, à l'Institut Pasteur (*28, rue du Docteur-Roux, 75015 Paris, tél. : 01 40 61 38 60; www.pasteur.fr; coût : 34 €*). Pensez aussi à la remise à jour du vaccin DTP. Autre fléau au Kenya, **le paludisme,** présent quasiment partout dans le pays. Renseignez-vous auprès de votre médecin pour les traitements appropriés. Les moustiques porteurs se manifestent dès la tombée du jour et durant la nuit. N'oubliez pas non plus une bonne lotion anti-insectes pour zones tropicales. Avant de partir, pensez également à vous faire vacciner contre **l'hépatite A.** Plusieurs cas de méningite bactérienne à méningocoque (dont le type W135) sont régulièrement rapportés : la vaccination peut vous être conseillée par votre médecin. Le Kenya connaît régulièrement des épidémies de rougeole : la mise à jour de cette vaccination peut être nécessaire, notamment chez les enfants. Pensez aux mesures de prévention du Sida, surtout sur la côte, où la population est très fortement touchée.

Pour plus de renseignements, consultez les sites Internet suivants :

– Le ministère de la Santé : *www.sante-jeunesse-sports.gouv.fr*

– Le site relatif à la grippe aviaire : *www.pandemie-grippale.gouv.fr*

– Le site de l'Institut Pasteur de Paris ou de Lille : *www.pasteur.fr*

Evitez les baignades dans les eaux stagnantes (risque d'infection parasitaire), de marcher pieds nus sur le sable et les sols humides, et ne caressez pas les animaux que vous rencontrez. Ne consommez jamais de médicaments achetés dans la rue. Le système public est inexistant au Kenya. Sinon, tout est disponible à Nairobi (hôpitaux, médicaments, spécialistes) dès lors qu'on s'adresse au secteur privé. Donc, une **bonne assurance** s'avère indispensable pour se rendre en Afrique de l'Est. En cas d'urgence médicale vitale en dehors de Dar es-Salaam et de sa région proche, il est recommandé, dans la mesure du possible, de se faire évacuer par avion sur le Kenya.

DEVISES ET BUDGET VACANCES

Le **shilling kenyan** (KSh) et **le shilling tanzanien** (TSh) sont susceptibles de fluctuations importantes par rapport au dollar et à l'euro. 1 € vaut approximativement 103 shillings kenyans et 1950 shillings tanzaniens, mais le cours fluctue sans cesse. La monnaie ne s'échange qu'à l'intérieur du pays.

Quoiqu'il soit possible de **changer de l'argent liquide** aux caisses des hôtels et des lodges, on trouvera des cours plus favorables aux comptoirs des banques et davantage encore dans les bureaux de change. Les principales **cartes de paiement** sont acceptées dans les hôtels et les boutiques du Kenya.

Tanzanie

Les endroits où, comme au *Royal Palm* de Dar es-Salaam, on peut retirer de l'argent avec une carte de crédit sont rares. Les distributeurs sont absents. Il est prudent d'**emporter des liquidités**, de préférence des US $, plus faciles à négocier que des euros, bien que les anciennes coupures de 100 US $ soient souvent sujettes à suspicion, voire refusées. Quoique le niveau de vie soit moins élevé en Tanzanie, les hôtels et les restaurants touristiques sont plus chers qu'au Kenya. En effet, une **taxe de 20 %** est appliquée au secteur tertiaire depuis juillet 1998.

CHOISIR SON VOYAGE

Un séjour en Afrique de l'Est pourra être consacré uniquement à la visite des **parcs animaliers** ou, comme c'est souvent le cas, combiner, à la découverte de la vie sauvage, une halte sur **les plages** de l'océan Indien, aux environs de Mombasa, pour ce qui est du Kenya, et Dar es-Salaam, pour la Tanzanie.

Par ailleurs, de plus en plus fréquenté, l'archipel de **Zanzibar** est en passe de devenir une destination à part entière.

L'Afrique de l'Est ne renverra pas la même image selon la manière dont elle est abordée et selon le safari et le parcours qu'on choisit. Voici quelques éléments qui doivent être pris en considération dans la comparaison des rapports qualité/prix :

– Visiter les parcs à bord d'un **minibus** ne procurera pas la même impression que de disposer d'un **véhicule individuel** tout-terrain.

– Séjourner dans un hôtel à grande capacité n'apportera pas la même satisfaction que de loger dans un luxueux **camp de toile,** isolé dans la brousse.

– Observer la faune demande du temps. C'est un spectacle toujours nouveau, fait de surprises mais surtout d'attentes. Séjourner plusieurs nuits dans **le même lieu,** plutôt que de passer trop de temps sur des routes inconfortables, s'avère souvent plus judicieux.

– Certains voyagistes proposent aussi des **safaris aériens,** qui permettent d'échapper aux pistes harassantes. Une idée originale !

8 jours

Le plus économique des safaris se limite généralement aux parcs de **Tsavo** et d'**Amboseli** pour se terminer par un séjour balnéaire dans la région de **Mombasa.** Alliant la savane à la plage, cette formule classique constitue une bonne première approche de l'Afrique de l'Est. D'autres programmes proposent, dans le même temps, la visite du **Masai Mara,** du **lac Nakuru** ou du **Samburu,** avec ou non, deux ou trois journées de plage à la clé... Plus chère mais moins courue que son célèbre voisin, **la Tanzanie** peut se visiter soit à partir du Kenya, soit en atterrissant à l'aéroport de Kilimandjaro. **Arusha** représente la porte d'accès à la région des parcs. Depuis là, il est aisé, en une semaine, de visiter **Tarangire, Manyara, N'Gorongoro** et **Serengeti.**

15 jours

En deux semaines, les amateurs de safaris auront, soit le choix de découvrir d'autres parcs kenyans, soit de **prolonger la découverte du Kenya par celle de la Tanzanie.** Le circuit idéal depuis Nairobi consisterait en la visite du parc du Samburu en passant par le mont Kenya, du lac Nakuru, du parc de Masai Mara, de celui d'Amboseli et de ceux du Tsavo. Il est possible, en 15 jours, d'intégrer la visite des parcs tanzaniens d'Arusha, du Manyara, du N'Gorongoro et des savanes du Serengeti. Il faut prévoir un minimum de 3 jours, au détriment peut-être de Tsavo, si l'on veut se rendre à Zanzibar, du fait de l'intérêt de l'île, comme du temps que nécessitent les transferts aux aéroports.

21 jours

Deux semaines de safari entre le Kenya et la Tanzanie. Puis une semaine pour flâner sur les plages de Zanzibar, l'idéal !

ADRESSES UTILES AVANT LE DÉPART

En France

Ambassade du Kenya

3, rue Freycinet, 75116 Paris, tél. : 01 56 62 25 25, fax : 01 47 20 44 41 ; www.kenyaembassyparis.org

Ambassade de Tanzanie

13, av. Raymond-Poincaré, 75116 Paris, tél. : 01 53 70 63 66. Ouvert du lundi au vendredi de 10 h à 13 h. www.amb-tanzanie.fr

Consulat

5, av. Raymond-Feraud, 06200 Nice, tél. : 04 93 72 53 71.

En Belgique

Ambassade du Kenya

208, av. Winston-Churchill, B-1180 Bruxelles, tél. : 02 340 10 40.

Ambassade de Tanzanie

72 av. FD Roosevelt, 1050 Bruxelles, tél. : 02 640 65 00.

En Suisse

Consulat Général de la République du Kenya

1-3, av. de la Paix, 1202 Genève, tél. : 41 22 906 40 56/57.

Mission permanente de la Tanzanie auprès de l'ONU

47, av. Blanc, 1202 Genève, tél. : 41 22 731 89 20.

Au Kenya : Tanzanie High Commission

Continental Hse, 4th Floor. P.O. Box 47790, Nairobi, tél. : 254 20 311 948.

Le b.a.-ba de l'ABC

ACHATS ET ARTISANAT

Les boutiques d'artisanat sont nombreuses. Du simple étal à la galerie d'antiquités, en passant par les innombrables *curio shops,* elles proposent un bric-à-brac d'articles où prédominent **les pierres à savon et les bois sculptés,** évoquant avec fantaisie le règne animal.

L'artisanat ethnique

On trouve immanquablement des **objets tribaux** : gourdes, récipients, bassines… réalisés à partir de calebasses, fruits du calebassier, des parures de perles multicolores, des bijoux de métal frappé, des paniers en sisal tressé et des armes blanches, lances masai ou samburu.

Les kangas, sarongs de coton multicolores, que l'on trouve sur les marchés ne sont pas anodins. Ils cachent dans leur graphisme des messages, parfois humoristiques, parfois provocants, qui engagent leur propriétaire… à la conversation. Les superbes **kikoys,** très beaux paréos épais et colorés, sont vendus sur les plages autour de Mombasa.

Produits interdits !

La plupart des **articles d'origine animale,** comme les trophées, les peaux de panthères, les carapaces de tortues ou les bracelets d'ivoire sont **interdits d'importation** au sein des pays de la Communauté européenne. Eviter leur achat, c'est préserver la nature.

ARRIVÉE

Les avions se posent, au Kenya, sur les pistes de Jomo Kenyatta **(Nairobi),** et celles de Moi **(Mombasa).** L'aéroport de Nairobi n'est pas ouvert aux vols charters. Celui d'Eldoret, dans le Nord-Ouest, semble être maintenant retourné à sa première vocation d'aéroport de fret.

La Tanzanie dispose de deux aéroports internationaux, **Kilimandjaro,** près d'Arusha, et **Dar es-Salaam,** où aucun vol régulier direct n'est assuré depuis la France. Des charters de plus en plus nombreux, au départ principalement de l'Italie, se posent à **Zanzibar.**

CARTE

Avant de partir en vacances, pensez à acheter une carte détaillée qui vous sera très utile durant votre voyage. Les cartes que vous trouverez sur place sont rarement en français et pas

Les objets domestiques ethniques sont devenus des éléments de décoration très recherchés.

toujours très précises. **Blay-Foldex** propose plus de 100 cartes routières et touristiques, pour toutes les destinations en France et dans le monde. Vous pouvez acheter les cartes **Blay-Foldex** dans les principales librairies.

CHANGE

Les **bureaux de change** sont les meilleurs endroits pour échanger de l'argent. Leurs taux sont compétitifs et, contrairement aux banques, ils ne prélèvent pas de commission. Si **le marché noir** a disparu au Kenya, il subsiste partiellement en Tanzanie. Y recourir n'est toutefois plus si avantageux, du fait de la déréglementation des changes. Quoi qu'il en soit, on aura tout intérêt à se munir de **liquidités,** de préférence en petites coupures US, plutôt que d'une carte de crédit, avec laquelle il est souvent difficile d'obtenir des espèces, particulièrement en Tanzanie. Les banques sont généralement ouvertes de 8 h à 15 h, sauf le dimanche.

CONDUITE

On **roule à gauche,** au Kenya comme en Tanzanie. Le permis de conduire international est exigé pour **la location d'un véhicule.** On ne saurait jamais assez conseiller de s'assurer des services d'un **chauffeur professionnel,** surtout pour visiter les parcs, où les 4x4 sont rois (exclure la voiture de ville). Celui-ci sert aussi de guide et de pisteur.
Pour les groupes, des **minibus aménagés,** dont le toit s'ouvre, donnent libre accès au spectacle de la nature. Les routes sont généralement en mauvais état et peuvent, selon la saison, s'avérer dangereuses. De même, conduire est un exercice périlleux. Sachez que, même si personne ne la respecte vraiment, la vitesse est limitée à 100 km/h sur route, 55 km/h en ville et 25 km/h dans les parcs et réserves.

CUISINE ET BOISSONS

Bien que l'Afrique de l'Est ne possède pas de grande tradition culinaire, **la cuisine internationale** servie dans les hôtels est plus que satisfaisante. Certains *lodges* offrent même, au plus lointain des savanes, une table de tout premier ordre gastronomique. Y compris en Tanzanie. A moins d'être végétarien, on appréciera des **viandes inaccoutumées,** telles que l'impala, le buffle, le zèbre, l'autruche, le crocodile et même la girafe ! Elles sont accompagnées de pommes de terre, riz, haricots noirs ou maïs. Certains restaurants se sont fait une spécialité de ces chairs exotiques. On trouvera, sinon, d'excellents **établissements indiens** dans les grandes villes et, sur la côte, des **restaurants de poisson.** Le choix de **fruits** est considérable : papayes, mangues, ananas, fruits de la passion, guavas...

Boissons

Hormis les jus frais, les colas et autres sodas, on pourra obtenir des **bières locales,** comme la *Tusker* kenyane et la *Safari* tanzanienne. Si les vins blancs de pays sont discutables, d'excellents crus proviennent d'Afrique du Sud.

Le **thé** et le **café** kenyans sont à découvrir, ils sont assez légers mais agréables au goût. On en trouve sur les marchés et dans les supermarchés qui commencent à fleurir dans les grandes villes.

Eau

Eviter de boire de l'eau dans tous les cas en dehors de bouteilles soigneusement capsulées.

ÉLECTRICITÉ

La tension est de **220 volts.** Les prises de courant sont différentes et un **adaptateur** s'avère nécessaire.

GAME DRIVE

En anglais, *game* signifie « gibier », et *drive* peut se traduire par « chasse », plus que par course ou conduite ; ainsi, la *game drive* est une « chasse au gibier », chasse désormais pacifique, puisqu'elle s'exerce à l'aide d'appareils photo plutôt que d'armes à feu. Elle débute **très tôt le matin,** avant le lever du jour pour, si l'on a pris le soin d'emporter avec soi des boîtes de petit déjeuner et une Thermos de café, pour s'achever normalement **en fin de matinée,** lorsque la lumière est trop crue et la chaleur trop forte. Elle peut aussi s'interrompre pour permettre un retour au *lodge,* pour un petit déjeuner tardif, quitte à reprendre ensuite. Mais cette formule est moins intéressante.

D'atypiques lodges dominent les splendides réserves privées.

La *game drive* reprend généralement pour une seconde période **en fin d'après-midi.** Elle s'achève au coucher du soleil, un verre à la main. Il est également possible, en emportant des boîtes repas, de passer toute la journée en safari, après accord préalable avec le chauffeur. Des **aires de repos** sont réservées au pique-nique.

HÉBERGEMENT

De **l'hôtel balnéaire** au **refuge de montagne,** le Kenya offre une diversité considérable d'hébergement. **Le camp de toile,** dont l'image est intimement liée à celle traditionnelle du safari, tient, parmi celle-ci, une place privilégiée. Luxueusement aménagées, avec salles de bains et mobilier colonial, les tentes offrent un confort absolu. Elles sont généralement situées dans les endroits les plus sauvages.

Tanzanie et Zanzibar

Longtemps à la traîne de son prestigieux voisin, la Tanzanie n'a plus à rougir de son parc hôtelier. Depuis 1997, elle a confirmé la politique de développement qu'elle avait entamée quatre ans plus tôt. Ce bond considérable vers la qualité vaut au pays une **clientèle haut de gamme.** Par ailleurs, d'innombrables clubs de vacances se sont construits sur **Zanzibar.**

HEURE LOCALE

Le Kenya et la Tanzanie enregistrent un décalage de 3 h par rapport au méridien de Greenwich. L'écart avec la France est donc de 2 h de plus en hiver et 1 h de plus en été. Quand sonne midi en France, il est 13 h durant l'été et 14 h en hiver en Afrique de l'Est.

HORAIRES D'OUVERTURE

Chaque jour de l'année, le soleil se lève à 6 h 30 et se couche à 18 h 30. Cela correspond aux **heures d'ouverture et fermeture des parcs.**
La conduite de nuit est strictement interdite dans les parcs. **Bureaux et administrations** sont ouverts du lundi au vendredi de 8 h à 13 h et de 14 h à 17 h, au Kenya, et de plus en plus aux mêmes heures, en Tanzanie. **Les boutiques** sont ouvertes jusqu'à 19 h.

INFORMATIONS TOURISTIQUES

Si les documents sur le Kenya abondent, l'information touristique sur la Tanzanie en est encore à ses balbutiements. Il faut cependant souligner l'existence d'une intéressante série de **petits guides consacrés aux parcs animaliers,** édités par l'*African Wildlife Foundation.* En vente dans les bureaux des parcs.

LANGUES

Première langue officielle, **le swahili** unifie une région comportant un nombre important de familles ethniques. **L'anglais,** seconde langue officielle, est compris et parlé à peu près partout. Y compris par certains Masai faisant affaire avec le tourisme. **Le français** n'est pratiqué, pour sa part, que dans certains établissements hôteliers, habitués à une clientèle française. Mais un sourire et quelques gestes suffisent souvent à se faire comprendre.

MARCHANDAGE

Normalement absent des magasins de souvenirs traditionnels,

le marchandage est d'usage dans les *curio shops*, où il est possible de faire sensiblement baisser les prix. Mais il s'agit d'abord d'un **jeu social** propre à développer les rapports humains. Il ne doit jamais être exercé au-delà des limites du raisonnable, au risque de devenir alors humiliant.

Sur les plages Diani, ne soyez pas surpris si l'on vous écrit un prix sur un papier ou dans le sable avec un bâton. A vous d'en mettre un deuxième, le vendeur un troisième et ainsi de suite jusqu'à ce que vous tombiez d'accord. Généralement, il faut diviser au moins par quatre le prix initial.

Fait nouveau : comme dans d'autres pays d'Afrique, on vous propose désormais du troc : votre tee-shirt contre des bijoux, par exemple. Mais attention, on vous demandera souvent un petit cadeau ou une pièce en plus.

MONTGOLFIÈRES

L'**aire de survol**, en Tanzanie, se limite à la région de Seronera, au cœur du Serengeti. En revanche, c'est à un véritable ballet aérien que nous convie parfois le ciel du **Masai Mara.** Le survol des savanes offre un **spectacle de toute beauté,** car il a lieu très tôt le matin, lorsque le vent n'est pas encore levé.

MÉDIAS

Le Kenya possède trois grands quotidiens d'information, *the Daily Nation, the East African Standard* et *the Kenya Times.* La liberté d'expression est aujourd'hui significative depuis les grandes grèves de l'été 1997. Des journaux étrangers en langue anglaise sont disponibles dans la plupart des hôtels. Deux chaînes de télévision couvrent le Kenya : la KBC et le KTN, dominées par les programmes de la CNN.

POSTE ET COMMUNICATIONS

Certains campements, notamment en Tanzanie, situés au sein des parcs nationaux, sont encore privés de téléphone. Seule une liaison radio les relie au monde. Mais cela devient de plus en plus

Spectaculaire vue de montgolfière ou d'ULM.

Les Masai du N'Gorongoro regardent passer les véhicules avec condescendance.

rare, grâce aux communications par satellite. Pour obtenir **le Kenya depuis la France** composer le 00 puis le 254, l'indicatif régional (20 pour Nairobi, 40 pour Mombasa) et le numéro du correspondant.

Pour **la Tanzanie** composer le 00 puis le 255, l'indicatif régional (22 pour Dar es-Salaam) et le numéro du correspondant. Pour téléphoner en France depuis **le Kenya ou la Tanzanie,** composer le 00, suivi du 033 et du numéro de votre correspondant (sans faire le 0 de l'indicatif régional pour la France). A noter qu'un appel téléphonique de 3 min vers la France depuis le Kenya coûte environ 10 €, soit l'un des tarifs les plus chers d'Afrique !

PHOTOS/FILMS

Bien qu'il soit possible de trouver de la pellicule dans la plupart des boutiques des hôtels, il est préférable de **les emporter avec soi,** car elles sont conservées dans des conditions pas forcément idéales et les prix sont élevés. Les *duty free* des aéroports restent les meilleurs points de vente. Les pellicules 100 ASA donnent de très bons résultats pour qui désire réaliser des diapositives. Attention d'en emporter suffisamment, car les occasions de prises de vue sont innombrables et les situations toujours inédites. Penser aussi aux piles de remplacement.

Prises de vue

Moitié sport, moitié sacerdoce, **la photographie animalière** demande de l'attention et de la connaissance, mais exige avant tout de **la patience.** Voici quelques conseils utiles pour réussir vos photos :

– La prise de vue s'exerce généralement depuis un véhicule, dont il n'est pas question de sortir. Il faut y avoir suffisamment d'espace pour pouvoir **manœuvrer à l'aise.**

– Bien souvent, les animaux se trouvent assez éloignés, particulièrement lorsqu'il est interdit de quitter la piste. Une **longue focale** est alors nécessaire. Un objectif 300 mm avec un doubleur fera l'affaire. Il faut alors **prévoir un trépied,** un monopode ou, à défaut, un petit sac rempli de lentilles ou de riz pour

caler l'appareil, voire... un oreiller! Un **objectif grand-angle** 28 mm sera utile pour les prises de vue de paysages et d'ambiance.
– Il est prudent de disposer aussi d'un boîtier muni d'une **moyenne focale**, 180 mm par exemple, pour pouvoir réagir rapidement aux **situations imprévues.**
– Un 100 mm fera l'affaire pour **les portraits.** Attention à toujours demander l'autorisation avant de photographier, notamment les Masai.

POLITESSE

Les habitants montrent, sauf exception, une **courtoisie extrême** envers les visiteurs. Et pas seulement ceux qui vivent du tourisme ! L'attitude désinvolte qu'affichent certains visiteurs est parfois mal acceptée des populations musulmanes côtières. La visite des lieux publics et religieux exige une certaine décence vestimentaire (pas de shorts, jupes courtes, décolletés, etc.).

POURBOIRES

Bien que le pourboire soit normalement inclus dans l'addition, il est toujours attendu avec attention. Il peut tourner autour de 8 à 10 % des montants. **En safari,** il est de coutume de glisser un pourboire au guide et au chauffeur d'environ 5 $ par jour. Mieux vaut, contrairement à ce que font certains, leur donner le dernier jour, pour ajuster la somme au service rendu.

RÉSERVES ET PARCS NATIONAUX

Sanctuaires créés pour protéger la faune et la flore, les parcs nationaux dépendent d'une administration centrale, tandis que les réserves sont gérées par les autorités locales. Alors qu'une **présence indigène** peut être tolérée dans certaines réserves, elle est proscrite dans les parcs nationaux.
Les visiteurs qui y pénètrent sont tenus de respecter quelques règles, **à suivre impérativement :**
• Ne pas nourrir les animaux.
• Ne pas entraver leurs déplacements, ni les inquiéter.
• Ne pas rouler hors des pistes, lorsque cela n'est pas autorisé.
• Ne pas jeter de détritus.
• Ne pas descendre de son véhicule en dehors des zones strictement balisées.

SAFARIS

Le terme safari provient du swahili *safora,* qui signifie « voyage ». Il fut d'abord utilisé pour désigner les grandes expéditions de chasse et il fallut attendre les années 1960 pour que le tourisme s'en empare.

Safari à la carte

L'attitude adoptée par chaque visiteur est essentielle dans la définition d'un safari, mais, schématiquement, il y a deux manières de le concevoir :
– La première consiste à parcourir les parcs, **guidé par le système radio** dont disposent les véhicules, pour aller droit au but. Cette méthode facilite le repérage des animaux. Elle est idéale pour qui a **peu de temps,** mais tue aussi, en quelque sorte, la magie du safari ;
– La seconde s'applique à **suivre une piste** pour, au gré des indices, odeurs, empreintes, bruits, remonter jusqu'à la bête. Cela prend du temps, mais s'avère plus excitant.
Les animaux ne passent pas leur temps à chasser, à bondir, ni même

Opportunistes, les aigrettes blanches sont à l'affût des insectes que soulèvent les éléphants.

à se déplacer. La majeure partie de leur temps est consacrée à l'alimentation, pour les herbivores, et au sommeil, pour les prédateurs... **le facteur chance** pour assister à une scène de chasse n'est donc pas à négliger et, surtout, il ne faut pas oublier que vouloir tout voir tout de suite serait une erreur.

SÉCURITÉ

Même si le Kenya et la Tanzanie sont dans une phase de stabilité politique, il est indéniable que ces deux pays ne sont pas exempts de dangers. Mais ces risques sont bien moins importants que dans beaucoup d'autres pays touristiques africains. **Les chauffeurs** savent très bien quand et où il est possible d'aller. Les parcs les plus fréquentés et les plages d'hôtels sont sans aucun problème. **Les régions frontalières** sont généralement sensibles, du fait de l'immigration sauvage. Eviter de préférence les régions de Kigoma et l'ouest de Kagera en Tanzanie. **En ville**, on prendra soin de ne pas se rendre, surtout de nuit, dans certains quartiers décrits comme difficiles. D'une manière générale, il est prudent de ne pas exhiber de richesses.

SPORTS

Le football est le sport roi. L'athlétisme est très apprécié et, en particulier, **le marathon**, où excellent les Kenyans. On pense encore à Kip Keino ou Naftali Temu.

TRANSPORTS INTÉRIEURS

En avion

Il existe des **liaisons aériennes régulières** entre Nairobi et Dar es-Salaam, ainsi qu'entre Mombasa et Zanzibar par *Kenya Airways* et *Air Tanzania*. *Eagle Aviation* vole entre Mombasa et Kilimandjaro. Depuis Nairobi, *Kenya Airways* dessert Eldoret, Lamu, Dar es-Salaam, Zanzibar et Mombasa. *Air Tanzania* dessert Kilimandjaro, Mwanza, Zanzibar depuis Dar es-Salaam.

Près de Diani, à Ukunda, il existe un petit **aérodrome** qui permet aux tou-

Le labyrinthe or et rouille du vieux Mombasa débouche sur le port de Dhow.

ristes désireux de se rendre en safari à Masai Mara d'y parvenir en une heure à peine. Se renseigner auprès des hôtels ou tour opérateurs.

En train ou en car

Le train est très emprunté entre Mombasa et Nairobi. Il est toutefois possible de continuer le voyage jusqu'à la frontière ougandaise, *via* Nakuru et Eldoret ou en bifurquant vers l'ouest pour rejoindre le lac Victoria. **En Tanzanie**, le train relie la plupart des centres commerciaux importants, Arusha excepté.

Il existe plusieurs **liaisons par bus** entre le Kenya et la Tanzanie, notamment entre Mombasa et Dar es-Salaam, Nairobi et Arusha.

En bateau

Il est possible de rejoindre Zanzibar par *ferry boat*, catamaran et *hydrofoil* depuis Dar es-Salaam. *Sea Express Services Ldt.* organise des traversées entre Zanzibar et Pemba.

Une traversée entre Zanzibar et Dar es-Salaam	24 €
Une excursion en montgolfière au Kenya	350 €
Un litre d'essence au Kenya	0,91 €
Une bière locale au Kenya : dans un bar	1,50 €
Une bière locale au Kenya : à l'hôtel	2,50 €
Un litre d'essence en Tanzanie	0,89 €
Un appel téléphonique (3 min) de Tanzanie en France	25 €

Combien ça coûte?

Des pays, une histoire, des hommes

Géographie, faune et flore

Carte d'identité du Kenya

Nom
République du Kenya
Capitale Nairobi
Superficie 582650 m²
Chef de l'Etat
Mwai Kibaki depuis décembre 2002
Nature du régime Présidentiel
Population 35,1 millions d'habitants
Langues officielles Swahili et anglais
Religions
Protestante, catholique, animiste, musulmane sur la côte
PIB 535 $ par habitant

Sous l'équateur, exactement

A cheval sur la ligne équatoriale, **le Kenya est délimité**, au nord, par les déserts du Soudan et d'Ethiopie ; au nord-est, par l'aride Somali, et, à l'ouest, par le verdoyant Ouganda. **La Tanzanie** butte, pour sa part, sur un arc de cercle qui, depuis le lac Victoria jusqu'à l'océan Indien, englobe, de l'est au sud, les confins de l'Ouganda, du Rwanda, du Burundi, du Congo, de la Zambie, du Malawi et du Mozambique.

Si le Kenya et la Tanzanie représentent des entités politiques et économiques distinctes, aucun obstacle naturel ne justifie la frontière qui les sépare. Leurs littoraux océaniques se prolongent par les mêmes sables et leurs savanes contiguës voient évoluer la même faune.

Somptueux territoires sauvages

La plus grande partie de leurs territoires est constituée de **vastes plaines d'altitude**, résultant de l'érosion du socle précambrien à la première période de l'histoire de la Terre (il y a 800 millions d'années, lorsque la vie n'était qu'aquatique). **Ces plateaux s'élèvent progressivement**, d'est en ouest, depuis l'océan Indien jusqu'à la faille orientale de la vallée du Rift. Le fameux fossé d'effondrement qui, sur 6000 km, tranche le continent africain de la mer Rouge jusqu'au canal du Mozambique a donné à l'Afrique de l'Est un magnifique chapelet de **grands lacs autour desquels se concentre la faune sauvage** : Turkana, Baringo, Bogo-

Carte d'identité de la Tanzanie

Nom
République unie de Tanzanie
Capitale économique
Dar es-Salam
Capitale politique désignée
Dodoma
Superficie 945087 km²
Chef de l'Etat
Jakaya Kikwete depuis décembre 2005
Nature du régime Présidentiel
Population 39,1 millions d'habitants
Langues officielles Swahili et anglais
Religions
Chrétienne, animiste, musulmane
PIB 300 $ par habitant

ria, Nakuru, Naivasha, Magadi… au Kenya. Natron, Manyara, Eyasi… en Tanzanie.
Une multitude de **vieux massifs volcaniques** élimés par les périodes glaciaires émergent des hautes terres. Certains, majestueusement. **Le mont Kenya** culmine à 5 199 m tandis que, en Tanzanie, **le Kilimandjaro,** le plus haut sommet de l'Afrique, se dresse encore à 5 895 m. Des **rivières** s'en échappent pour rejoindre l'océan.
Bien qu'une forte poussée démographique engendre, notamment au Kenya, des problèmes de cohabitation de plus en plus sensibles entre l'homme et la nature, l'Afrique de l'Est, **berceau historique du safari,** présente toujours de somptueux territoires sauvages. Elle constitue une destination idéale pour une première approche de la faune africaine.

L'appel de la savane

Vaste étendue tapissée de graminées, la savane véhicule l'image romanesque type de l'Afrique des safaris. Particulièrement durant **l'hiver austral,** lorsque les herbes sont jaunes et hautes. C'est dans ce milieu, organisé autour du Sud kenyan et du Nord tanzanien, qu'évolue l'essentiel de la diversité animale de l'Afrique tropicale. C'est celui qui retient surtout l'attention du visiteur, celui des **réserves animalières.**

Il faut distinguer **la savane herbeuse, arbustive, arborée et boisée.** Le développement de la végétation ligneuse dépend de l'importance des pluies et de la nature des sols. Doté de petites feuilles et bardé d'épines, l'arbre le mieux adapté aux difficiles conditions de vie de la savane est **l'acacia.** Parmi les 42 espèces indigènes, *Acacia tortilis,* dit acacia ombrelle, occupe une place prépondérante. Sa silhouette familière en forme de parasol caractérise les parcs est-africains. Les herbivores et parfois les carnivores se regroupent sous son ombre aux heures les plus chaudes. **Les baobabs et les euphorbes,** très présents, parviennent à survivre en stockant l'eau dans leurs fibres. Les élégants **palmiers doum** *Hyphaene coriacea,* comme à Samburu, et les extraordinaires **acacias jaunes** *xanthophloea,* comme au N'Gorongoro, trônent sur les zones humides.
Durant la saison des pluies, la savane s'habille de somptueux tapis de fleurs jaunes, blanches et mauves. Si les savanes ont remplacé la forêt tropicale, qui couvrait le continent africain voilà 10 millions d'années, on trouve encore certains **îlots de forêts pluviales,** accrochés aux montagnes les plus élevées. C'est le domaine fantastique

Au pied du Kilimandjaro, le parc d'Amboseli possède une importante population d'éléphants.

des **espèces luxuriantes,** telles que les crotons *megalocarpus,* les *Nuxia congesta,* les *Acacia lahai,* les *Albizia gummifera*... auxquels s'accrochent les mousses, les fougères, les vignes et des plantes épiphytes, telles que les orchidées. Au hasard des routes, on rencontrera des jacarandas, flamboyants, tulipiers, mimosas, poinsettias, hibiscus, frangipaniers, bougainvilliers... **Près des villages** se trouvent les bananiers, papayers, avocatiers, manguiers... ainsi que des **plantations** d'ananas, coton, sisal, manioc... et, sur la côte, qui de Mtwara à Lamu court sur plus de 1 200 km, les incontournables cocotiers.

Liberté surveillée

Chaque espèce animale évolue dans un milieu biologique spécifique. L'ensemble des êtres vivants d'un **biotope** se nomme biocénose. Seule **la création de zones protégées** a permis de sauvegarder les espèces végétales et animales des pays d'Afrique de l'Est : les parcs sont l'ultime chance de survie des animaux sauvages. Herbivores, carnivores et charognards participent au jeu dramatique des savanes. **Les plantes** nourrissent **les ongulés** qui nourrissent eux-mêmes **les prédateurs et les nécrophages** avant qu'ils n'alimentent **les micro-organismes.**

Les familles

L'Afrique de l'Est possède plus de 90 espèces, et notamment les **ongulés,** qui dispensent des spectacles non moins sensationnels. Il faut distinguer, au sein de cette grande famille :

– Les proboscidiens, tel l'éléphant.

– Les périssodactyles, comme le rhinocéros et le zèbre.

– Les artiodactyles : le buffle, le gnou, la girafe...

Ils se partagent l'habitat entre **brouteurs de feuilles :** les phytophages (rhinocéros noir, éland, girafe, gérénouk...) et **brouteurs d'herbes :** les herbivores (zèbres, gnous, buffles...).

Les grands troupeaux d'herbivores évoluent dans les plaines ouvertes, alors que les phytophages pourront être observés en savane arborée. **Les carnivores** (léopards, guépards, servals, chats sauvages, caracals, genettes, civettes) sont, pour leur part, souvent solitaires. La chance de les trouver est ainsi plus mince. Mais les hyènes, les lions, les lycaons et les mangoustes vivent en petites familles.

Le spectacle des primates, dont le babouin et le vervet sont les représentants les plus significatifs, est toujours divertissant. Celui de **la faune avicole** nécessite plus d'attention, mais s'avère fort réjouissant pour peu qu'on sache faire preuve d'un peu de patience.

La situation privilégiée de l'Afrique de l'Est attire quelque **1 070 espèces d'oiseaux,** autour de ses lacs d'eau douce ou salée. 80 % d'entre elles y nidifient. **Les reptiles** sont présents mais restent fort discrets.

Les safaris

C'est aux mammifères, et particulièrement aux plus gros, que va généralement l'intérêt d'un premier safari. **Les « cinq grands »** – qui constituaient les cibles favorites des chasseurs – sont le lion, le buffle, l'éléphant, le léopard et le rhinocéros. Les guides, par dérision, ont dressé la liste des **« cinq petits »,** qui sont la fourmi-lion, le tisserin du buffle, la souris éléphant, la tortue-léopard et le scarabée-rhinocéros.

Picto-dico de la faune

Savoir **reconnaître les animaux** d'après leur **silhouette** s'avère utile lorsque, de loin, leurs formes se dessinent sur les brumes matinales ou apparaissent, à contre-jour, dans la lumière du couchant. Si certains comme l'éléphant, le lion, la girafe ne peuvent prêter à confusion, il peut ne pas en être de même pour le léopard et le guépard, la genette et la civette ou le topi et le bubale. Les planches qui suivent rendront ces distinctions plus aisées. *Les noms sont indiqués en français, anglais, swahili et latin. Puis la hauteur au garrot, le poids et l'habitat.*

Les « cinq grands »

– **Lion**, *lion, simba, Panthera leo*; 110 cm pour 230 kg env. ; savanes et steppes.

– **Buffle**, *buffalo, nyati, Syncerus cafer*;

160 cm pour 700 kg env. ; savanes ouvertes et arborées.

– **Eléphant**, *elephant, tembo, Loxodonta africana*; 300 cm pour 5 000 kg env. ; savanes, forêts, marécages et déserts.

– **Léopard**, *leopard, chui, Panthera pardus*; 70 cm pour 60 kg env. ; steppes, forêts et déserts.

– **Rhinocéros**, *rhinoceros, faru, Ceratotherium simum* (blanc) ; 200 cm pour 4 000 kg env. ; savanes et steppes ; *Diceros bicornis* (noir) 180 cm pour 1 800 kg env. ; savanes arborées et forêts.

Les carnivores

– **Lionne**, *lioness, simba, Panthera leo*; 100 cm pour 200 kg env. ; savanes et steppes.

– **Guépard**, *cheetah, duma, Acinonyx jubatus*; 75 cm pour 50 kg env. ; savanes et steppes ouvertes.

– **Serval ou chat-tigre**, *serval, kisongo, Felis serval*; 50 cm pour 15 kg env. ; savanes et forêts claires.

– **Lycaon ou loup peint**, *painting* ou *hunting dog, mbwa mwitu, Lycaon pictus*; 70 cm pour 30 kg env. ; savanes et steppes.

– **Chacal**, *jackal, bweha, Canis adustus*; 50 cm pour 13 kg env. ; steppes et savanes.

– **Otocyon**, *long-eared fox, bweha masigio, Otacyon megalotis*; 35 cm pour 4 kg env. ; sables, steppes herbeuses et savanes.

– **Caracal**, *caracal lynx, sibamangu, Caracal caracal*; 45 cm pour 15 kg env. ; semi-déserts, savanes et steppes.

– **Chat sauvage ou chat ganté**, *african wild cat, kimburu, Felis silvestris*; 30 cm pour 5 kg env. ; tous habitats.

– **Hyène tachetée**, *spotted hyena, fisi, Crotuta crotuta*; 80 cm pour 75 kg env. ; savanes boisées et zones désertiques.

– **Protèle**, *aardwolf, lekimbu, Proteles cristatus*; 50 cm pour 15 kg env. ; savanes ouvertes, steppes et brousse.

– **Mangouste ichneumon**, *grey mangoose, nguchiro, Herpestes ichneumon*; 20 cm pour 3 kg env. ; forêts, savanes, steppes et zones désertiques.

– **Genette tigrine**, *spotted genet, kanu, Genetta tigrina*; 20 cm pour 2 kg env. ; forêt pluviale, savanes humides et marais.

– **Civette**, *african civet, fungo, Viverra civetta*; 35 cm pour 15 kg env. ; forêts, savanes humides et sèches.

– **Zorille commun**, *striped polecat, kicheche, Ictonyx striatus*; 12 cm pour 1 kg env. ; savanes, plaines et steppes.

– **Mangue rayée**, *banded mongoose, gitschiro, Mungos mungo*; 20 cm pour 1,5 kg env. ; savanes humides et sèches.

Les herbivores

– **Hippopotame**, *hippopotamus, kiboko, Hippopotamus amphibius*; 160 cm pour 3 000 kg env. ; plans d'eau, bancs de sable et prairies.

– **Girafe**, *giraffe, twiga, Giraffa camelopardalis*; jusqu'à 580 cm de hauteur totale pour 800 kg env. ; savanes boisées.

– **Zèbre de Burchell**, *Burchell's zebra, punda milia, Hippotigris quagga*; 140 cm pour 300 kg env. ; savanes ouvertes.

– **Gnou à queue noire**, *blue wildebeest, nyumbu ya montu, Connochaetes taurinus*; 140 cm pour 280 kg env. ; savanes ouvertes.

– **Gazelle de Grant**, *Grant's gazelle, swala granti, Gazella granti*; 90 cm pour 75 kg env. ; prairies et savanes buissonnantes.

– **Gazelle de Thomson**, *Thomson's gazelle, swala tomi, Gazella thomsoni*; 65 cm pour 30 kg env. ; prairies dégagées.

– **Impala**, *impalla, swala pala, Aepyceros melampus*; 90 cm pour 70 kg env. ; savanes sèches et clairières.

– **Eland**, *eland, mbunju, Tragelaphus oryx*; 180 cm pour 850 kg env. ; savanes boisées et brousse.

– **Koudou**, *lesser kudu, tandala ndogo, Tragelaphus imberbis*; 100 cm pour 95 kg env. ; brousse épineuse.

– **Gerenuk ou gazelle-girafe**, *Waller's gazelle, swala twiga, Litocranius walleri*; 100 cm pour 45 kg env. ; steppes buissonnantes.

– **Topi ou damalisque de Hunter**, *sassaby, nyamera, Damaliscus lunatus*; 130 cm pour 160 kg env. ; steppes ouvertes ou buissonnantes.

La gazelle girafe

Cette gazelle, appelée *gerenuk*, a un long cou souple qui lui permet de manger en haut des buissons. Si elle se met debout sur ses pattes arrière, elle peut atteindre, en étirant la langue, jusqu'à 2 m de hauteur. Elle se nourrit principalement de petites feuilles tendres. Le mâle vit seul ou avec une femelle, voire deux, accompagnées des jeunes de l'année. Extrêmement farouche, le *gerenuk* se dissimule derrière les buissons et ne laisse voir, le temps d'un regard, que sa tête perchée sur son long cou. Cette gazelle n'a pas besoin de boire, tirant son eau des feuilles qu'elle mange. Seul le mâle a des cornes, longues et coudées vers l'arrière. Le pelage est fauve, plus clair sur les flancs et blanc dessous.

– **Cobe à croissant**, *waterbuck, kuru, Kobus ellipsiprymnus*; 120 cm pour 230 kg env. ; savanes buissonnantes.

– **Bubale ou kongoni**, *hartebeest, kongoni, Alcephalus buselaphus*; 140 cm pour 200 kg env. ; savanes buissonnantes.

– **Phacochère**, *wart hog, nigri, Phacochoerus aethiopuicus*; 80 cm pour 140 kg env. ; savanes claires.

– **Dik-dik de Kirk**, *Kirk's dik dik, dikidiki, Madoqua kirki*; 40 cm pour 6 kg env. ; milieux couverts et secs.

Les oiseaux

– **Autruche**, *ostrich, mbuni, Struthio camelus*; 240 cm pour 150 kg env. ; savanes sèches.

– **Pélican blanc**, *white pélican, Pelecanus onocrotalus*; 180 cm env. (350 cm d'envergure) ; milieux aquatiques.

– **Flamant rose**, *flamingo, heroe, Phoenicopterus*; 180 cm env. ; lacs salés peu profonds.

– **Oie d'Egypte**, *egyptian ose, Allopochen aegyptiacus*; 60 cm env. ; marais et rivières.

– **Grande aigrette**, *white egret, Egretta alba*; 90 cm env. ; eaux douces et littoral océanique.

– **Héron cendré**, *grey heron, Ardea cinerea*; 100 cm env. ; lacs et littoral océanique.

– **Héron goliath**, *goliath heron, Ardea goliath*; 150 cm env. ; lacs et littoral océanique.

– **Ibis sacré**, *sacrede ibis, Threskiornis aethiopicus*; 75 cm env. ; marécages, plaines humides et rivières.

– **Marabout**, *marabou, korongo, Leptoptilos crumeniferus*; 150 cm env. (260 cm d'envergure) ; espaces dégagés semi-arides.

– **Jabiru**, *saddlebill stork, Ephippiorhynchus senegalensis*; 170 cm env. (270 cm d'envergure) ; milieux aquatiques ouverts.

– **Serpentaire**, *secretary bird, Sagittarius serpentarius*; 130 cm env. plaines ouvertes semi-désertiques.

– **Grue couronnée**, *crowned crane, Balearica regulorum*; 100 cm env. ; milieux ouverts et secs.

– **Vautour africain**, *white-backed vulture, gushu, Gyps africanus*; 220 cm pour 5 kg env. ; plaines et zones boisées.

– **Aigle bateleur**, *bateleur eagle, tai, Terathopius ecaudatus*; 60 cm env. (170 cm d'envergure) ; espaces ouverts et savanes boisées.

– **Aigle ravisseur**, *tawny eagle, tai, Aquila rapax*; 70 cm env. (200 cm d'envergure) ; savanes boisées.

Les clés du passé

De la bipédie à la démocratie, l'Afrique de l'Est a, en quatre millions d'années, écrit la plus longue des histoires de l'homme. Une superproduction présentant guerriers nomades, marchands d'esclaves, chasseurs désabusés, aventurières romanesques, militants révolutionnaires…

LA SAVANE PRIMITIVE

Voilà huit millions d'années, **la vallée du Rift s'effondrait**, coupant longitudinalement l'Afrique de l'Est d'une faille infranchissable. Le climat devait s'en retrouver bouleversé. Arrosées par les pluies, les régions situées à l'ouest du rejet restèrent abondamment boisées tandis que celles placées à l'est virent leurs forêts pluviales progressivement disparaître pour céder la place à la savane. Si cette perturbation ne modifia pas le comportement des petits quadrupèdes arboricoles qui vivaient sur la rive gauche de la vallée du Rift, elle imposa, en revanche, à ceux qui se retrouvèrent du côté océanique de la dépression une évolution déterminante.

Le foyer de l'humanité

Confrontés à des conditions d'existence nouvelles, ces hominidés, petits singes déjà futés, furent amenés à redresser progressivement leur corps pour adopter enfin, voilà trois à quatre millions d'années, une posture verticale qui devait libérer la main. **L'histoire de l'homme proprement dite commençait.** C'est grâce aux observations faites notamment à **Olduvai**, en Tanzanie, et à l'est du **Turkana**, au Kenya, que le professeur **Yves Coppens** put établir cette **théorie d'accession à la bipédie**, popularisée sous le nom de « *East side story* ».
Elle tend à démontrer que cette portion de terre d'Afrique équatoriale, comprise entre la vallée du Rift et l'océan Indien, a vu **les premiers pas de l'homme.** L'endroit peut être considéré comme le berceau du genre *Homo*.

Les quelque 100 milliards d'hommes qui se sont depuis succédé sur la terre seraient tous les descendants du petit bipède *Homo habilis,* découvert en 1964 à Olduvai par Tobias, Leakey et Napier. Que nous ayons tous la même origine animale, tropicale et africaine ne semblait plus discutable. La découverte de *Homo rudolfensis* et de *Homo ergaster* (parent direct de *Homo sapiens* moderne) du côté du lac Turkana devait confirmer la chose.

PREMIERS PEUPLEMENTS

A constater **la diversité ethnique** qui évolue aujourd'hui en Afrique de l'Est, on peut facilement déduire que la région connut bon nombre de tourmentes migratoires. Si quelques familles nomades **hadzapi et sandawe,** dont le langage khoisan se retrouve encore aujourd'hui chez les Bochiman d'Afrique australe, habitèrent la hanche de l'Afrique voilà 10 000 ans, **la première grande vague d'immigration** arriva d'Ethiopie vers 2000 av. J.-C. Il s'agissait de pasteurs couchites en quête de pâturages. On trouve leur descendance dans le nord du Kenya. **Les peuples d'expression bantou** (Kikuyu, Mijikenda, Akamba, Gusii…), venus de l'ouest, devaient introduire l'agriculture un demi-siècle avant notre ère. Ils peuplent maintenant la partie centrale du Kenya. **La culture swahili** devait naître de leur mariage avec les Arabes, qui, sous l'impulsion du sultan de Zanzibar, s'installèrent peu à peu sur les côtes, pour y faire le commerce d'ivoire, d'or et d'esclaves.

Arabes, Portugais… et guerriers masai

La domination autoritaire des Arabes se prolongea jusqu'à l'arrivée des **Portugais,** menés par **Vasco de Gama,** en 1500. Elle prit fin, après deux siècles, avec la chute du fort Jésus de Mombasa, en 1698. Tandis que les Arabes et les Portugais se disputaient la côte, **les guerriers masai,** venus des abords du Nil, et peut-être du Caucase, faisaient irruption dans la vallée du Rift, terrorisant les populations en place. Ils vivent maintenant de part et d'autre de la frontière tanzano-kenyane. Le XVIIIe siècle fut marqué par la domination des sultans d'Oman.

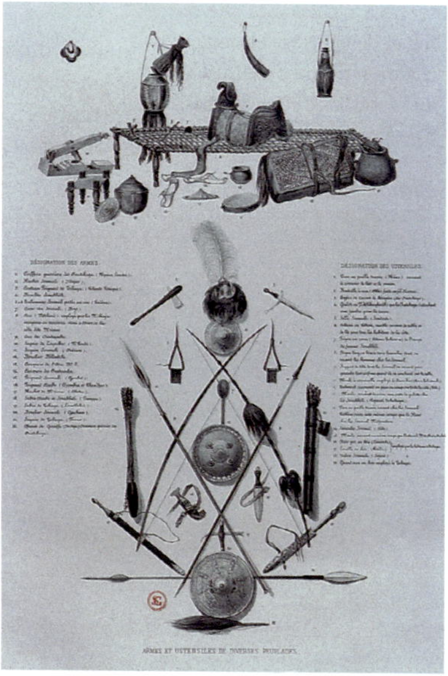

Armes et ustensiles de diverses peuplades d'Afrique orientale.

Uganda Railway

Critiquée par le Parlement britannique et rejetée par les populations locales, la construction du chemin de fer, ralliant l'océan Indien aux portes de l'Ouganda, devait voir son achèvement le 21 décembre 1901, après cinq ans et demi de travaux surhumains. Son coût s'élevait à plus de huit millions de livres, soit 8 500 livres par km² de voie. La main-d'œuvre, essentiellement indienne, s'était retrouvée confrontée aux pires conditions de travail : malaria, dysenterie, choléra… ainsi qu'aux attaques des grands fauves. Cette folle entreprise allait favoriser la pénétration des colons anglais, qui s'installèrent de préférence sur les hauteurs verdoyantes de Nairobi, baptisées les *White Highlands*. Ils s'y livrèrent, avec audace mais pas toujours avec succès, à la culture du café, du thé et du blé, aidés en cela par une main-d'œuvre kikuyu. Ce fut l'époque du rêve colonial d'un Kenya blanc…

LE SIÈCLE DES EXPLORATEURS

Les Anglais, les Allemands, les Belges et les Français mettent pied en Afrique de l'Est au début du XIXe siècle. C'est le siècle des **grandes explorations scientifico-missionnaires**, dont Krapf, Rebmann, Burton, Speke, Livingstone, Stanley, Thomson, Baumann, et bien d'autres, allaient tirer leurs titres de gloire. Les vues de la France sur l'Afrique de l'Est devaient, pour leur part, s'éteindre, dès 1879, avec la disparition de **l'abbé Debaize.** Très vite, la compétition pour la conquête des terres se résume à une lutte germano-britannique.

Suite à la conférence de Berlin, qui, en 1885, définissait **les zones d'influence des puissances européennes** sur le continent africain, un accord est signé entre Bismarck et Salisbury. Il tranche l'Afrique de l'Est d'une ligne nette, frontière entre une **zone d'influence anglaise**, au nord du Kilimandjaro, et une **zone d'influence allemande au sud.** L'histoire séparée du Kenya et du Tanganyika commençait.

Le protectorat anglais

Sous protectorat anglais, le Kenya allait voir son avenir marqué par la construction d'une invraisemblable ligne de chemin de fer, *The Uganda Railway*. Ralliant Mombasa à Port Florence (l'actuelle Kisumu, sur le lac Vic-

La famille swahili est née du mariage de deux cultures.

Les côtes de Zanzibar furent le décor tragique du commerce des esclaves.

toria), **la voie ferrée ouvrait l'intérieur des terres aux colons anglais**, qui, incités par la « *Land acquisition order* », devaient acheter les meilleures terres des Highlands en repoussant les Masai, les Kamba et les Kikuyu toujours plus loin. Ce fut la peu scrupuleuse époque des **fermes africaines**, des grands **safaris de chasse,** du commerce de l'ivoire, période immortalisée par le film de Sydney Pollack *Out of Africa,* qui met en scène, sous les traits de Robert Redford et Meryl Streep, les aventures amoureuses d'un chasseur d'éléphants, Denys Finch Hatton, et d'une baronne romantique, Karen von Blixen.
Ce fut aussi l'époque des **premières manifestations anticolonialistes,** qui devaient aboutir à l'indépendance du pays.

L'indépendance de la Tanzanie

Après avoir connu une domination germanique musclée, **la Tanzanie** s'achemina pour sa part, sous gestion britannique, vers une indépendance sans heurts majeurs. Elle devait toutefois, sous **Nyerere,** opter pour une politique socialiste isolationniste l'opposant au Kenya. Les frontières entre les deux pays se fermèrent en 1977 et se rouvrirent en 1983, autour d'un consensus plus libéral.

Jomo Kenyatta

Né kikuyu en 1893, il fonde le KCA en 1925 *(Kikuyu Central Association)* pour s'élever contre les appropriations des Highlands par les colons anglais. A partir de 1931, il séjourne à Londres, où il complète sa formation politique, tout en écrivant un ouvrage sur la culture kikuyu, *Facing Mont Kenya.* Il récidive en 1945, après un séjour à Moscou, avec la publication de *Kenya, the Land of Conflit,* où il critique la politique britannique. Il rejoint son pays en 1946 pour présider le KAU *(Kenya African Union).* Accusé d'avoir fomenté le soulèvement mau-mau, Kenyatta est condamné à sept années de prison. Libéré en 1959, il est élu président de la KANU *(Kenya African National Union)* puis du Kenya indépendant, le 12 décembre 1963. Il conservera le pouvoir jusqu'à sa mort, en 1978.

Repères chronologiques

Kenya

1886 : accord anglo-allemand sur le partage de l'Afrique de l'Est. Le Kenya et Zanzibar se retrouvent sous autorité britannique.
1895 : protectorat anglais géré par le *Foreign Office.*
1907 : déplacement de la capitale de Mombasa à Nairobi.
1920 : le pays devient colonie de la Couronne.
1924 : création du KCA, *Kikuyu Central Association.*
1946 : création du KAU, *Kenya African Union.*
1952 : soulèvement mau-mau. Proclamation de l'état d'urgence et arrestation de Johnstone Kenyatta.
1953 : guerre civile entre Kikuyu et pro-Britanniques.
1960 : suppression de l'Etat d'urgence.
1961 : libération de Johnstone Kenyatta.
1963 : indépendance du pays.
1964 : Jomo Kenyatta élu à la présidence.
1965 : rapprochement avec l'Occident.
1970-74 : Jomo Kenyatta réélu à la présidence.
1978 : décès de Jomo Kenyatta. Daniel Arap Moi lui succède.
1987 : conflit contre l'Ouganda.
1988, 1992 et 1997 : Arap Moi réélu à la présidence.
1993 : libéralisation et reprise de l'aide de la Banque mondiale.
2002 : élection de Mwai Kibaki, mettant ainsi fin au règne du président Arap Moi qui dirigeait le pays depuis 24 ans.
2008 : contestation de la réélection du président Mwai Kibaki (Kikuyu) face à son ancien allié devenu son rival, Raila Odinga (Luo). Des accusations de fraudes entraînent émeutes et attaques interethniques entre partisans des deux leaders. Le 13 avril, le président Kibaki nomme le chef de l'opposition Odinga Premier ministre dans un cabinet de coalition.
2010 : adoption d'une nouvelle constitution par referendum le 4 août.

Tanzanie

1886 : accord anglo-allemand sur le partage de l'Afrique de l'Est. La future Tanzanie passe aux mains des Allemands.
1890 : accord anglo-allemand délimitant les frontières de la Deutsch-Ostafrika.
1905 : révolte des Maji-Maji au sud de la Deutsch-Ostafrika contre l'ordre colonial.
1919 : traité de Versailles. Les Allemands sont dépossédés du pays au profit des Britanniques.
1922 : l'ancienne Deutsch-Ostafrika devient le Tanganyika Territory sous mandat de la Société des nations.
1954 : création de la TANU *(Tanganyika African National Union).*
1961 : indépendance du Tanganyika.
1962 : Julius Nyerere élu président.
1964 : coup d'état à Zanzibar en faveur d'Abeid Karume et fusion du Tanganyika et de Zanzibar pour former la République unie de Tanzanie.
1967 : déclaration d'Arusha refusant l'économie de marché au profit d'un rural-collectivisme.
1972 : assassinat d'Abeid Karume.
1974 : déplacement autoritaire des populations paysannes.
1979 : guerre contre l'Ouganda.
1985 : Julius Nyerere cède la présidence à Hassan Mwinyi.
1990 : nouveau Code d'investissement à tendance libérale.

1990 : Hassan Mwinyi réélu à la présidence.
1995 : Benjamin Mkapa succède à Hassan Mwinyi à la tête de l'Etat.
2000 : Benjamin Mkapa réélu à la présidence.
2005 : Jakaya Kikwete est élu président.

Les ethnies

L'Afrique de l'Est comprend plus de 130 familles ethniques. Bien que leurs interactions soient aussi complexes que conflictuelles, elles peuvent être réparties en trois groupes linguistiques majeurs : les couchites, les bantou et les nilotiques.

LES COUCHITES

De petits clans de pasteurs d'expression couchite se trouvent dans la partie nord du Kenya. Ce sont principalement des **Somali**, repoussés de leur pays vers le Kenya, ou des **Galla**, comme les Rendille, les Gabbra, les Boran et les Orma. Ils habitent aux alentours du lac Turkana.

LES BANTOU

Cultivateurs venus de l'ouest de l'Afrique, les immigrants de langue bantou sont restés **profondément attachés à la terre.** Ils occupent à peu près la moitié du territoire.
Leur groupe comprend une quinzaine d'ethnies :

• **Les Luhya, Gusii** et **Kuria** se trouvent près du lac Victoria.
• **Les Swahili, Mijikenda, Segeju, Pokomo, Taveta** et **Taita** sur la côte.
• **Les Kikuyu, Merus, Embu, Akamba, Tharaka** et **Mbere** au centre.

LES NILOTIQUES

Le groupe d'expression nilotique, originaire du haut Nil, se subdivise pour sa part en trois sous-groupes.
Celui dit du lac comprend **les Luo.**
Celui des collines englobe **les Kalenjin,** tels les Nandi, Marakwet, Pokot, Tugen, Kipsigi, Elkony.
Et celui des plaines inclut **les Samburu, Turkana, Teso, Njemp, Elmolo** et, les plus connus d'entre tous, **les Masai.**

ARRÊT IMAGE SUR...

Les Kikuyu

Avec six millions d'individus, les Kikuyu constituent **le principal groupe ethnique kenyan.** Ils se situent essentiellement dans la

Plus avenants que les Masai, les Samburu se laissent volontiers photographier.

région du mont Kenya. De chasseurs ils sont devenus éleveurs, puis cultivateurs. Beaucoup d'entre eux sont maintenant commerçants. Leur action fut déterminante dans la lutte contre la colonisation blanche.

Les Masai

C'est le dernier groupe à s'être installé en Afrique de l'Est. Après avoir survécu aux famines, aux épidémies et aux déportations, les Masai ont imposé leur suprématie sur d'immenses territoires de part et d'autre de la frontière tanzano-kenyane. La volonté farouche avec laquelle ils défendent **leurs traditions** contre toute tentative de normalisation leur a permis de préserver un **mode de vie original.** Leur situation au cœur des savanes, où ils cohabitent avec la faune sauvage, fait d'eux des partenaires essentiels dans **la protection de l'environnement.** La fière silhouette du guerrier *morane,* avec lance et casse-tête, drapée d'un plaid écarlate, le *shuka,* est devenue indissociable de l'image symbolique de l'Afrique de l'Est. L'autorité est exercée par un chef, le *laibon,* avec lequel il est indispensable de négocier pour obtenir le droit de circuler dans l'enceinte d'un village.

Les Samburu ont adopté pour leurs parures les couleurs bariolées des perles de verre industrielles.

Les Samburu

Sans en être, pour autant, moins admirables, les Samburu se montrent plus courtois et accueillants que leurs cousins masai. Issus de la même souche nilotique, ils ont un mode de vie similaire. Ils habitent dans des **huttes de pisé,** se vêtent de **toges colorées,** se parent d'encombrants artifices, se livrent à l'élevage et utilisent la même **langue maa.** Ils occupent environ 30 000 km^2 de terres pauvres et sèches situées au nord du mont Kenya, aux alentours d'une réserve qui porte leur nom.

Les Kalenjin

Originaires de la vallée du Nil, les Kalenjin vivent actuellement sur les terres fertiles des hauteurs du Rift, qu'occupaient, au début de notre ère, les bergers couchites. Auparavant pasteurs, ils cultivent désormais **thé, millet, maïs, blé** et **sorgho,** à l'ouest du Kenya, autour de Kericho, Eldoret, Baringo et du mont Elgon. Ils représentent 12 % de la population kenyane.

Les Luo

Les Luo arrivèrent sur les rives du **lac Victoria,** à l'époque où les Masai s'installaient dans la vallée du Rift. De pasteurs, ils sont devenus **pêcheurs et agriculteurs** en se sédentarisant. Beaucoup ont tenté leur chance à la ville. Ils sont environ 3,5 millions vivant au Kenya. Une curieuse coutume les poussait, il n'y a pas si longtemps, à se faire arracher quatre ou six dents.

Regards actuels

Le Kenya et la Tanzanie offrent l'un des plus fascinants des spectacles terrestres, celui de la faune sauvage africaine. Jadis réservé aux riches chasseurs, le safari est devenu essentiellement photographique en se démocratisant. Il représente une source de devises extrêmement importante pour des nations qui ne disposent pas d'autres matières premières que des trésors de virginité.

ÉCONOMIE

Issus de types d'économie divergents, le Kenya et la Tanzanie se retrouvent pourtant confrontés à des problèmes semblables. **L'agriculture** constitue la base de leur économie : elle représente environ 24 % du PNB kenyan et emploie 75 à 80 % de sa population active, tandis qu'elle entre pour environ 48 % dans le PNB tanzanien et occupe 80 % de cette population. Les deux pays produisent **thé, café, coton, maïs, sisal, manioc**... mais le Kenya a pu tirer avantage de son héritage colonial, alors que la Tanzanie a porté l'échec du socialisme à la Nyerere.
Les résultats, liés aux **conditions météorologiques**, restent toutefois aléatoires. Ils peuvent être désastreux, comme en 1997 et 1998, à cause des inondations. **L'élevage**, lui aussi tributaire des intempéries, constitue surtout une **production de subsistance** pour les populations pastorales telles que les Masai, Samburu, Kalenjin, tout comme **la pêche** l'est pour les habitants riverains de la côte océanique et des grands lacs. **Les coupes de bois** représentent, avec environ 38 millions de m^3 par pays et par an, un apport essentiel de devises. **Les fruits, légumes et fleurs** en provenance du Kenya sont de plus en plus présents sur les marchés européens.

Le tourisme

L'activité touristique est devenue un facteur essentiel à l'équilibre économique de la région. Pays pionnier dans **le voyage d'observation animalier,**

La pêche représente une source essentielle d'alimentation pour les populations du Rift.

le Kenya jouit d'une image quasi légendaire, dont il semble pourtant aujourd'hui victime, car il est indéniable que certains parcs kenyans souffrent de **périodes de surfréquentation.** Avec 8 % du produit intérieur brut, le tourisme représente une importante source de devises pour le pays et il emploie 10 % de la population active. En effet, la volonté gouvernementale d'offrir aux visiteurs un large choix, **du séjour haut de gamme au plus populaire,** a entraîné une altération de l'image exclusive du pays. Mais, aujourd'hui, le Kenya reste inégalable et il est possible d'y effectuer encore un séjour de rêve, en combinant **balnéaire et safari.**

Préserver la nature

La Tanzanie, longtemps à la traîne de son voisin pour des raisons politiques, s'est résolument tournée, depuis 1997, vers un tourisme haut de gamme en favorisant, dans ses nombreux parcs, une implantation mesurée d'**hôtels de haut standing.** Ses immensités sauvages s'en trouvent préservées. La sensation d'être plongé dans un **univers tout à fait vierge** est souvent plus forte qu'au Kenya.
La préservation de la nature est devenue pour les deux nations un **enjeu économique majeur.** Parcs et réserves couvrent près de 43 000 km^2 du territoire kenyan alors qu'ils occupent, sans compter les réserves de chasse, 48 000 km^2 en Tanzanie. Les troubles politiques et les pluies persistantes de ces dernières années ont cependant freiné l'essor touristique vers le Kenya. La Tanzanie, bien que plus chère et moins facile d'accès, attire pour sa part de plus en plus de visiteurs. Mais Kenya comme Tanzanie restent des pays très pauvres, sur lesquels le FMI exerce son autorité.

POPULATION

À côté du melting-pot ethnique quelque 60 000 **Indiens,** descendant des travailleurs venus construire *The Uganda Railway,* ont établi domicile au Kenya. Ils sont désormais bien implantés, notamment dans le secteur du tourisme. **La présence européenne** se borne à peine à 5 000 individus d'origine anglophone, essentiellement fixés à Nairobi, sans compter les coopérants et voyageurs d'affaires de passage.
Les Arabes représentent moins de un pour cent de la population.
Le taux de croissance démographique du Kenya est préoccupant. Un habitant sur deux a moins de 15 ans. La moitié de la population est regroupée dans la région comprise entre **Nairobi** et **Kisumu** et la moitié des terres kenyanes est difficilement habitable.

Les Bantou de Tanzanie

La Tanzanie est essentiellement peuplée d'**ethnies d'expression bantou.** Les îles sont arabes. Le pays a largement ouvert ses portes aux **réfugiés burundais** après les affrontements intercommunautaires que connut leur pays.

INSTITUTIONS POLITIQUES

Tous deux républiques et **membres du Commonwealth,** de l'East African Community, de l'African Union et des Nations Unies, le Kenya et la Tanzanie connaissent des régimes présidentiels. Leurs chefs d'Etat sont élus pour cinq ans au **suffrage universel.** Au Kenya, la Chambre des représentants comprend 224 membres, dont 200 sont élus et 12 nommés par le président. **En Tanzanie,** le président est secondé par un Premier ministre et un vice-président. L'Assemblée nationale comprend 274 membres élus.

RELIGION

Kenya

Difficile, entre les centaines d'églises qui se côtoient au Kenya, de saisir exactement la répartition entre les croyances. D'autant plus qu'une religion peut en cacher une autre ! Des traces d'animisme se profilent souvent derrière les pratiques religieuses importées. On estime que le Kenya compte 45 % de **protestants,** 33 % de **catholiques,** 10 % de **musulmans** et 10 % **animistes.** Il ne faut pas négliger le poids que représente toujours **la sorcellerie** dans les sociétés tribales. Les religions anglicane, orthodoxe, hindouiste sont aussi représentées (2 %) ainsi que le bouddhisme et le jaïnisme.

Tanzanie

Le pays compte environ **30 % de chrétiens** se répartissant en catholiques, protestants, luthériens, anglicans, orthodoxes…, une forte proportion de **musulmans** de l'ordre de 35 % et d'au moins 35 % d'**animistes,** essentiellement masai, et de croyances locales. Les hindouistes sont également présents. A noter que l'île de Zanzibar est à 99 % musulmane.

VIE SOCIALE

Cernés par les conflits, Kenya et Tanzanie restent relativement à l'abri de la violence ouverte.

L'immigration massive qu'ils subissent en contrecoup, essentiellement somalienne pour le Kenya et burandaise et rwandaise pour la Tanzanie, constitue cependant un facteur non négligeable de déstabilisation. La région septentrionale du Kenya, bien au-delà du parc de Samburu, est périodiquement le théâtre de banditisme du fait de pillards venus des pays voisins.

FÊTES

Chrétienne et musulmane, l'Afrique de l'Est cumule les jours fériés de ces deux religions.

1er janvier : Nouvel An.
12 janvier : journée de la Révolution à Zanzibar, elle est fêtée dans toute la Tanzanie.
Avant Pâques : le Vendredi Saint (Kenya et Tanzanie).
2 avril : Pâques.
26 avril : fête de l'Unité (Tanzanie).
1er mai : fête du Travail.
1er juin : journée Madaraka (Kenya).
7 juillet : TANU et foire (Tanzanie).
8 août : fête des paysans (Tanzanie).
10 octobre : journée Moi (Kenya).
20 octobre : journée Kenyatta (Kenya).
9 décembre : fête de l'Indépendance (Tanzanie).
12 décembre : fête de l'Indépendance (Kenya).
25 décembre : Noël.
26 décembre : Saint-Etienne.
Compter à dates variables la fin du **ramadan** et **l'anniversaire du Prophète.**

ART ET CULTURE

Corporel, ornemental, rythmique, ménager, capillaire… l'art est d'abord ici tribal.
L'expression artistique est essentiellement visible chez **les peuples de tradition nomade.** Chaque objet et chaque parure possèdent la beauté évidente et simple de sa fonction. Les calebasses, paniers, pots, casse-tête, lances, colliers, boucles d'oreilles, bracelets… fabriqués de matériaux communs, qui tissaient un lien naturel entre les pasteurs et la nature, créent surtout maintenant, avec les bois sculptés, un rapport économique entre ceux-ci et les touristes. Ainsi, bouchons de champagne, boîtes de cachous, rouleaux de billets verts ont gagné les lobes d'oreilles comme les perles industrielles ont remplacé les coquilles des anciens colliers. En dehors de l'artisanat ethnique, il y a peu d'artistes locaux remarquables ; les galeries privées ou les centres culturels occidentaux exposent notamment des œuvres des Soudanais.
Par ailleurs, **la culture swahili** persiste en bordure des côtes, notamment à Lamu et Zanzibar. Elle se manifeste surtout par **l'architecture.**

Littérature et musique

La littérature kenyane, de culture orale, tient essentiellement en **contes, nouvelles et poèmes.** On pourrait retenir les noms du nouvelliste Nguigi Wa Thiong'o et du poète Swahili Shaaban Robert. **La musique,** influencée par les pays voisins, est florissante. Citons parmi les plus populaires *Kapere Jazz Band, Orchertra Virunga, Daniel Owino Misiani & Shirati Band.*

Les femmes masai inventent sans cesse de nouvelles formes pour leurs bijoux.

Se déplacer

Le Kenya

Nairobi est née par hasard de la construction de la voie ferrée Mombasa/Kisumu, au km 327. L'escale technique, plantée au cœur des marécages, devait devenir capitale du protectorat britannique du Kenya en 1907, soit huit ans après que les premiers ouvriers indiens au service de The Uganda Railway s'y sont établis.

NAIROBI

14 km | 15/30 min | 1 350 KSh/15 €

Nakusontelon

Originellement désignée sous le nom de *Nakusontelon,* littéralement « point de départ de Toutes les Beautés » par les premiers occupants masai, la charmante capitale coloniale début de siècle s'est vite métamorphosée en une **ville multiraciale trépidante.** Après tout juste cent ans d'existence, elle compte plus de 2 millions d'habitants, dont une majorité de Kikuyu. Tiraillée entre une certaine rigueur britannique et une vigueur toute africaine, elle fait et défait le pays en ne trouvant toutefois d'identité que dans une partition sociale marquée. Le touriste qui y débarque, la tête remplie d'images romanesques, prend rarement la peine d'y jeter un regard avant de s'engager sur les routes des savanes. La ville possède, cependant, des attraits non négligeables. Y compris naturels.

Nairobi National Park

Ouvert du lever au coucher du soleil. Entrée payante. Conduite hors pistes interdite.

Le parc national de Nairobi couvre 115 km^2 et se situe tout de suite à l'ouest de la route A104, reliant l'aéroport international Jomo Kenyatta à Nairobi. Créé en 1946, c'est **le plus ancien parc du pays.** Malgré sa superficie modeste, il témoigne de ce à quoi la région devait ressembler avant l'arrivée du chemin de fer – un plateau herbeux peuplé d'animaux sauvages – et donne un avant-goût intéressant des richesses de la faune kenyane à ceux et celles qui sont de passage dans la capitale. Si les éléphants ont été décimés par les grands chasseurs blancs, on trouve encore des gazelles, zèbres, girafes, buffles, guépards, rhinocéros... Curieusement, on peut les voir évoluer sur fond de buildings ! Une visite qui vaut réellement le détour.

Les « cendres antibraconnage »

Soumis à une pression urbaine de plus en plus lourde, le parc a été en grande partie clôturé. Mais une ouverture, au sud, laisse encore aux herbivores la possibilité de migrer, au-delà de **la rivière Mbagathi,** frontière naturelle méridionale du parc, vers **la plaine d'Athi.** Les animaux reviennent dans l'enceinte à la saison sèche. C'est au sein de ce parc que **le président Moi** a fait symboliquement brûler, en juillet 1989, une pyramide de défenses d'éléphants dépassant les 12 tonnes et représentant alors une somme d'environ 3,6 millions d'euros. Ce, pour lancer une campagne antibraconnage sous la responsabilité du paléontologue Richard Leakey. On peut encore voir les cendres de cette opération à quelques kilomètres, après la porte d'accès principale au parc, où se trouve un *animal orphanage,* qui ressemble davantage à un petit zoo qu'à un **orphelinat pour animaux.**

Kenyatta International Conference Center

La civilisation est là, tout de suite au nord du parc, avec ses hangars, ses bidonvilles, ses immeubles... d'où ressort la silhouette caractéristique du building le plus élevé d'Afrique de l'Est. Planté au cœur de la ville, sur City Square, il constitue un point d'observation privilégié, dès lors que l'on peut obtenir la possibilité d'y monter. Le dernier étage est en piteux état, depuis que le restaurant qui y trônait a fermé.

Vue panoramique : ICEA

Situé à quelques centaines de mètres du Kenyatta International Conference Center.

Depuis le toit de l'ICEA, la vue porte loin sur **des collines plantées de caféiers,** au nord, direction mont Kenya. Au sud, direction

La traite des éléphants

En 1997, l'organisme réglementant le commerce des espèces sauvages menacées d'extinction a déclassé partiellement l'éléphant de l'annexe I à l'annexe II. Cela signifiait la reprise légale du commerce de l'ivoire, ce qui a eu aussitôt des répercussions dramatiques sur le braconnage dans toute l'Afrique. Alors que le Kenya comptait environ 167 000 éléphants en 1960, leur nombre oscille aujourd'hui autour de 20 000. Espérons que les mesures vigoureuses prises par les autorités kenyanes pour protéger l'espèce puissent éviter sa disparition de l'Afrique de l'Est.

Capital sécurité

Nairobi représente souvent la première, voire la seule occasion, d'être confronté à une ville d'Afrique de l'Est. S'y déplacer en tant que touriste exige de respecter un certain nombre de règles qui relèvent du bon sens mais aussi de connaître où ne pas s'aventurer. D'une manière générale, il faut rester sur ses gardes et éviter tout déplacement à pied une fois la nuit tombée, surtout en dehors du triangle touristique et en particulier dans les parcs d'Uhuru et de Central et alentour du casino, du Musée national ainsi qu'à l'est de l'avenue Moi. Mieux vaut utiliser systématiquement les taxis. Evidemment, les risques sont considérablement limités lors d'un déplacement en groupe.

Amboseli, elle donne sur les savanes du parc national et, à l'ouest, direction Masai Mara, elle s'étend sur **les forêts de Ngong.** A l'est, enfin, vers l'océan, elle plonge sur **la vallée de la rivière Nairobi** et les bidonvilles.

Centre-ville

Une véritable ségrégation sociale hiérarchise les différents quartiers de la ville. Les habitants s'y croisent sans pourtant se fréquenter. Initialement nommée *Nairobe* par les Masai, en raison de la fraîcheur de ses eaux, la ville est devenue Nairobi avec l'arrivée des colons blancs. Le secteur touristique se confond avec le centre historique de la capitale. Cerné de quartiers peu recommandables, où l'insécurité, à la nuit tombée, vire au danger, il se borne prudemment à un triangle délimité par **les avenues Uhuru, Moi et Selassie.** Ambassades et hôtels, banques et bureaux, églises et mosquées, marchés et boutiques, espaces verts et parcs s'y succèdent dans un quadrillage de larges avenues dont **la Kenyatta** est la plus fréquentée. L'ancienne plaque tournante de l'administration britannique a conservé quelques bâtiments d'origine coloniale dont le fameux **hôtel Norfolk,** construit en 1904, et **le New Stanley,** où le café *Thorn Tree* constitue le rendez-vous de tous les voyageurs.

National Museum

Museum Hill. Ouvert tlj de 9h30 à 18 h. Entrée payante.

Ce musée constitue la meilleure introduction possible à un séjour au Kenya. Il présente une **vaste collection ornithologique** de près de 1 000 spécimens propres à la région, calaos, guêpiers, rolliers, pique-bœufs, colious… que l'on retrouvera bien vivants durant le voyage. Plus d'une fois aussi on aura l'occasion, en parcourant la vallée du Rift, en regardant des peintures rupestres ou en ren-

Le sourire est, en Afrique de l'Est, la valeur la mieux partagée.

contrant des populations pastorales, de se remémorer utilement la salle de **géologie**, celle de **paléontologie** ou celle **d'ethnographie.** De très intéressantes **collections photographiques** retracent la marche du pays vers l'indépendance, ainsi que des scènes de **la vie tribale**, captées par Joy Adamson. Une galerie consacrée à **la culture swahili** prépare à la visite de Lamu. A ne pas manquer, au second étage, du *National Museum*, une **galerie d'art** consacrée à la création contemporaine expose et met en vente les œuvres d'artistes d'Afrique de l'Est.

Railway Museum

Le musée est situé à proximité de la gare, immédiatement au sud de l'avenue Selassie. Ouvert tlj de 8h45 à 16h45. Entrée payante. Attention : il est prudent de s'y rendre et d'en repartir en taxi.

Pour avoir un aperçu de la réalité coloniale depuis la construction de l'*Uganda Railway* : photos, dessins, plans relatent l'histoire de cette colossale entreprise qui fit le Kenya. A l'extérieur, quelques locomotives luttent contre la rouille. Parmi elles, la légendaire 301 immortalisée par le film *Out of Africa.*

Mosquée Jamia

Elle se dresse sur Banda Street, face à l'Alliance française.

Bien que pour un non-musulman sa large façade blanche soit plus intéressante que ses salles de prière, ceux qui voudraient y pénétrer devront prendre soin d'adopter une attitude appropriée : discrétion, respect et une tenue décente convenant à un lieu sacré.

Marchés

Le city market, situé à deux pas de la mosquée Jamia, sur la rue Muindi Mbingu, aligne ses étals de fruits, légumes, poissons et viandes.

Un **marché masai** se tient au *Globe Round About* chaque jeudi, de 9 h à environ 15 h. Des femmes y vendent des objets d'artisanat pour des prix intéressants.

Un **marché artisanal**, situé à l'est de la ville, au croisement de la rue du Général Warvingi et Ring Road, propose des milliers de paniers de sisal, les *vyondos*. Trois marchés à ciel ouvert se tiennent chaque semaine : mardi près du *Globe Cinema Roundabout*, vendredi à Gigiri et dimanche sur Thika Road, près de l'hôtel *Safari Park*.

Jardins

Ouverts jour et nuit. Leur fréquentation est dangereuse une fois la nuit tombée.

Nairobi ne manque pas de verdure. Pelouses, parcs, jardins plus ou moins entretenus résistent à l'emprise du béton. On les fréquente en famille, on y pique-nique ou on y prêche la venue d'un nouveau sauveur. **Le City Park Arboretum** présentera plus d'intérêt pour le touriste.

Banlieue ouest

La majorité des intérêts touristiques proches de Nairobi se concentrent dans un rayon de quelques kilomètres, entre la porte ouest du parc national et le quartier chic de Karen.

Le pisé reste le meilleur matériau pour garder aux huttes une relative fraîcheur.

Karen Blixen House

Ouvert tlj de 9h30 à 18 h. Entrée payante.

« Voyez-vous, j'avais une ferme en Afrique, au pied des collines du Ngong... » Ainsi débute le roman *La Ferme africaine*, que le cinéma a rendu mondialement célèbre sous le titre *Out of Africa*. Le livre dépeint, sous la plume romantique de la baronne Karen Christentze Dinesen, l'époque où les colons débarquaient en Afrique avec gramophones, lustres de cristal, horloges suisses et vaisselle de porcelaine... pour s'employer à la culture du café ou du thé. La visite de la maison où l'écrivain et peintre danois vécut de 1914 à 1931 intéressera surtout ceux qui ont vibré grâce au livre ou au film à ses joies et ses malheurs.

Langata Giraffe Manor

Situé à l'extrémité de Langata South Road, tél. : (02) 89 16 58. Ouvert tlj de 16 h à 17h30 et les jours fériés de 10 h à 17h30. Entrée payante. Il est possible d'y loger.

Il offre la rare opportunité de regarder **les girafes Rothschild**, dont il ne reste que quelques centaines d'exemplaires, du haut d'une plate-forme, les yeux dans les yeux. Eventuellement de les nourrir.

Tourné vers l'éducation, il reçoit chaque année des milliers d'écoliers.

Bomas of Kenya

Spectacles en semaine de 14h30 à 16 h, le week-end de 15h30 à 17 h. Entrée payante.

Le *boma* désigne **l'habitation traditionnelle des populations pastorales indigènes.** Le centre culturel en expose différents types, huttes rondes construites en pisé et recouvertes d'herbes sèches. Mi-musée vivant, mi-parc d'attractions, Bomas of Kenya présente également des **danses et chants ethniques** interprétés par une troupe d'artistes d'origines diverses. Essentiellement axé sur le tourisme, le centre fait la part belle à la vente de souvenirs.

Mizizi Cultural Center

Situé à mi-chemin entre le Giraffe Center et la maison Blixen. Ouvert tlj de 9 h à 5h30. Performances de 14h30 à 16 h du lundi au vendredi et de 15h30 à 17 h le week-end. Entrée payante.

Il se donne pour vocation de préserver et de propager **la culture traditionnelle** à travers la danse, la musique, l'artisanat, l'architecture et la cuisine.

Ngong Hills

Accès possible en 4x4. Il est prudent de se faire accompagner d'un policier depuis la bourgade de Ngong. Entrée payante.

Les lions ne viennent plus s'allonger sur la sépulture de **Finch Hatton.** Mais on pourra encore voir quelques antilopes ou des buffles rôder alentour du mémorial que Karen Blixen a élevé à la mémoire de son amant. **Le Lamwia Point** produira une forte impression, même à ceux qui n'ont pas pleuré sur *Out of Africa*. A 2 459 m d'altitude, l'endroit offre une vue magnifique sur 360°.

Lac Magadi

A 113 km de Nairobi par les Ngong Hills.

Après s'être élevée à plus de 2 000 m dans les Ngong Hills, la route redescend par courbes sinueuses sur les étendues rose et crème du lac salé, jusqu'à 610 m d'altitude. C'est un des endroits les plus chauds du pays. Le parc intéressera essentiellement **les ornithologues.** Ses eaux basses accueillent une avifaune abondante, pélicans, hérons, aigrettes, vanneaux, cigognes et les flamants roses que l'odeur alcaline saisissante ne semble pas importuner. Ils y trouvent une algue bleue microscopique, la *cyanophycée,* dont ils se nourrissent. Mais il n'est pas exclu d'apercevoir des zèbres, phacochères, bubales, girafes… Le sodium est exploité par la *Magadi Soda Compagny,* auprès de laquelle il est nécessaire de demander l'autorisation pour visiter le second plus grand gisement de **carbonate de sodium** au monde.

Lac Natron

Situé à une cinquantaine de km au sud de Magadi, au-delà de la frontière tanzanienne, le lac salé est **le principal site de reproduction des flamants** en Afrique de l'Est. Ils y construisent des nids tronconiques de boue. Accès difficile.

AMBOSELI, LE CHARMEUR

A 215 km de Nairobi, via Namanga, par une bonne route, puis 60 km de piste. Ouvert du lever au coucher du soleil. Conduite hors pistes interdite sauf autour du lac salé. Entrée payante.

L'impossible migration

« Tous ceux qui ont vu les éléphants en marche à travers les derniers grands espaces, savent qu'il y a là une dimension de la vie à sauver », écrivait Romain Gary dans son roman *Les Racines du ciel.* La route des migrations est désormais coupée. Les éléphants d'Amboseli, qui avaient pour habitude de cheminer par Nahelog, Kimane et Chyulu jusqu'à Tsavo ouest, trouvent leur marche entravée par les habitations et les clôtures. Ils sont désormais prisonniers d'un écosystème qui ne peut supporter la présence d'un millier de pachydermes tout au long de l'année. Aussi, parle-t-on de les abattre. Cyntia Moss, qui dévoue sa vie à leur étude, se bat pour rétablir les chemins de migration. Mais son combat semble désespéré.

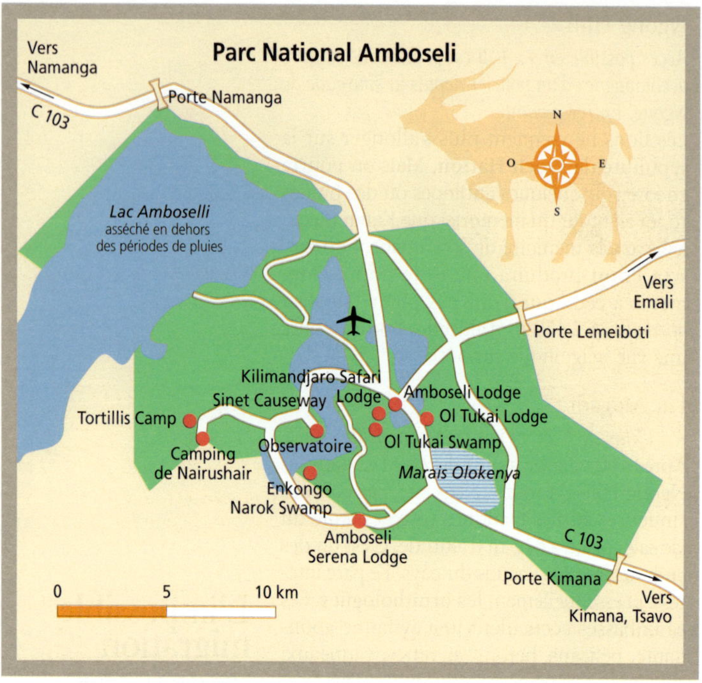

C'est ici qu'Ernest Hemingway écrivit *Les neiges du Kilimandjaro* et Joseph Kessel *Le Lion*. Est-ce parce qu'il est situé au pied du **Kilimandjaro** qu'Amboseli ne ressemble pas aux autres parcs ? L'omniprésence de la plus haute montagne d'Afrique, sur laquelle il offre une vue sublime, y est certainement pour beaucoup. Et, malgré le réchauffement climatique qui entraîne la fonte de ses neiges mythiques depuis cinq ou six ans, le spectacle reste inoubliable. Encore faut-il avoir la chance d'apercevoir son sommet. Pour cela, il est impératif de se lever tôt, avant 8 h du matin car ensuite, le « Kili » se drape dans les nuages jusqu'au soir et reste invisible durant toute la journée. Mais cette présence n'explique pas tout. Il règne ici une lumière, une atmosphère, une nature très spéciales, qui donnent à l'endroit un charme étrange, presque fantasmagorique. Certainement le doit-on aux immensités sodiques du grand lac asséché, aux vents qui en soulèvent la poudre blanche, aux mirages qui y planent… ainsi qu'aux étendues vaporeuses gorgées d'eaux que sillonnent **les éléphants.**

Suivez le guide !

Alexis Peltier propose des vols inoubliables en ULM. Programmes à la carte et safaris personnalisés. *Tél. : 254 (0) 733 62 06 54 (portable) ou www.safariavion.com/index.php*

Le parc est leur domaine par excellence. On peut les voir dans le courant de la matinée descendre des forêts méridionales, pour s'engager dans les marécages d'**Ol Okenya, d'Ol Tukai** et de **Enkongo Narok.** Il y a aussi de nombreux zèbres, gnous, buffles, phaco-

Majestueux, le mont Kilimandjaro veille sur les pensionnaires du parc d'Amboseli.

chères, antilopes et girafes que l'on pourra aisément observer dans **les plaines de Longine et Tukai.**

Les hippopotames occupent, entre autres, **le canal de Sinetet.** Le pont qui l'enjambe, direction Tortilis, constitue un point d'observation privilégié, mais souvent encombré. A 2 km, en prenant tout de suite à gauche après avoir franchi le pont, on atteint **l'Observation Hill.** On peut y monter à pied, en restant toutefois prudent.

Les lions, traditionnellement chassés par les Masai, furent absents du parc durant des années. Ils y sont revenus. On peut quelquefois les voir rôder aux alentours du village hôtelier d'**Ol Tukai.**

Les guépards sont également présents, mais très timides. Vers l'ouest, le joli circuit de **Sinet,** bordé d'acacias, permet la plupart du temps de rencontrer des colonies de **singes vervets.** Derrière, **le lac Conch** est souvent investi par les pachydermes. **Le rhinocéros noir** a pratiquement disparu. Les Masai l'exterminèrent systématiquement en représailles à leur éviction du parc par le gouvernement de Jomo Kenyatta. Contre toute réglementation, ils continuent cependant à venir y faire boire leurs troupeaux. Juste retour des choses, puisque durant la saison humide, les herbivores sauvages quittent le parc pour aller pâturer sur les terres masai qui l'entourent.

Les matatus

Sorte de minibus kenyans, comme les taxis-brousse au Sénégal, on peut s'y entasser jusqu'à 22 pour… 14 places! C'est forcément beaucoup moins cher qu'un taxi. Depuis 2004, ils doivent cependant posséder des ralentisseurs de vitesse et des ceintures de sécurité, à cause des trop nombreux accidents de circulation… Les matatus restent cependant un moyen de transport très utilisé au Kenya. Le prix d'un trajet est généralement de 20 à 30 shillings pour un parcours local. Certains matatus ne font que le centre-ville, et d'autres de longs trajets. On peut parfois être obligé d'en changer une ou deux fois en cours de route. On en trouve beaucoup autour de Mombasa. Un moyen très économique de se rendre de Diani à la vlle de Mombasa, à faible coût.

La réserve de Kimana offre la plus belle des vues sur le Kilimandjaro.

Un camp de toile

Les fauteuils de rotin patinés sont alignés autour du feu de camp. Les flammes jouent sur les verres de brandy et de champagne. Les guides racontent des histoires de safari. Derrière, les tables sont dressées sous un auvent de toile : serveurs en habit noir, service à l'assiette, repas gastronomique… Nappes blanches, vaisselle de porcelaine, couverts d'argent et verres de cristal vibrent à la lueur des chandelles. Des lampes à pétrole balisent, sous les arbres, le chemin pour les tentes, où un Masai monte la garde. Les tentes sont vastes et confortables : mobilier anglais et moustiquaires, chacune possède une salle de bains indépendante. Voilà l'atmosphère romanesque d'un camp de toile, à la nuit tombée.

KIMANA

Situé à une trentaine de kilomètres d'Amboseli, sur la route du Tsavo. Entrée payante. Depuis sa création en 1948, le parc national d'Amboseli n'a cessé, sous la pression masai, de se rapetisser pour ne couvrir aujourd'hui que 392 km². Face à une demande touristique de plus en plus forte, les Masai ont eu l'idée de créer leur propre réserve. Bien que petit, l'endroit est intéressant et encore peu fréquenté. Il procure de bonnes chances de voir des buffles, des girafes, des éléphants, des lions et éventuellement des léopards. **La vue sur le cône enneigé du Kilimandjaro** est la plus belle qui soit. La visite de Kimana est aussi une bonne occasion de plonger dans **l'univers masai.**

MASAI MARA

A 265 km de Nairobi. Compter 6 heures de route. Ouvert du lever au coucher du soleil. Entrée payante. Conduite hors pistes possible par endroits. La réserve nationale du Masai Mara est très vaste – environ 1 800 km². Située au nord du parc tanzanien du Serengeti, elle est un monde en soi, un incomparable éden écologique et touristique.

Outre les « Big Five » (lion, éléphant, buffle, rhinocéros et léopard), plus de 500 espèces d'oiseaux ont également été répertoriées dans ce parc, qui est surtout l'une des réserves kenyanes les plus fréquentées.

Narok

Ceux qui, depuis Nairobi, n'auront pas choisi le transfert aérien pour rejoindre le Masai Mara, passeront par Narok, **porte d'entrée au pays masai.** D'honnête bourgade fréquentée par de grands hommes élégamment vêtus de rouge, poussant devant eux les troupeaux vers le marché, tandis que les femmes, à l'entrée de la ville, lavaient le linge dans la rivière, Narok est devenue une petite cité sale et cupide. Seul l'hôtel *Transit* indique que c'est la même ville. Tout, autour des gros bulbes verts de la mosquée, n'est que commerce de récupération. Et les boutiques de souvenirs aux tarifs déraisonnables se sont multipliées. Plus une toge rouge ne se voit désormais dans les ruelles. Les Masai sont pourtant encore présents. Ils ont seulement troqué leurs plaids écarlates pour des surplus occidentaux qui leur donnent d'autant plus une allure débraillée que la consommation d'alcool est entrée dans leurs habitudes.

Villages masai

Entrée payante dans les villages qui se visitent.

Au-delà de Narok, la route devient difficile et oblige parfois les véhicules à progresser au pas de l'âne. Heureuse contrainte qui permet de jeter un coup d'œil sur les villages alentour. Il est possible de s'arrêter dans certains d'entre eux. Les chauffeurs les connaissent. Mais le spectacle est souvent décevant et les tarifs élevés.

Quelques hameaux masai, situés juste avant **la porte d'Ololaimutiek**, à l'est de la réserve du Mara, ont résolument tourné leurs activités vers le tourisme. Il est possible d'y filmer et de photographier à satiété ; bien que les Masai détestent être pris en photo, ils l'acceptent comme une forme de business. Par ailleurs, la plupart des hôtels à grande capacité de Masai Mara

La réserve de Masai Mara accueille de vastes populations de gnous, de zèbres et de gazelles.

et d'Amboseli organisent des spectacles de **danses indigènes** dont l'aspect le plus caractéristique consiste à sauter, pieds joints, le plus haut possible en poussant des cris de gnous. Certains Masai y parviennent au-delà de l'imaginable. Les représentations ont généralement lieu après le dîner.

Suivez le guide !

Un certain nombre de *lodges*, construits sur la périphérie de la réserve nationale, organisent des promenades à pied ou des *game drive* nocturnes qui sont interdites à l'intérieur.

Les Masai

Les Masai sont des pasteurs dont le territoire actuel s'étend de part et d'autre de la frontière entre le Kenya et la Tanzanie, et à proximité du mont Kilimandjaro.
Depuis les premiers récits d'explorateurs, les Masai n'ont cessé d'exciter l'imaginaire de l'Occident, notamment à cause de leur apparence physique, en particulier celle des moranes, ces **jeunes guerriers à la longue chevelure enduite d'ocre rouge.**

Les villages masai sont entourés d'épines pour empêcher l'intrusion des fauves.

Hélas, aujourd'hui, leurs terres sont privatisées au profit de l'élevage commercial. Ils font aussi souvent les frais de la politique de conservation de la faune sauvage. Les Masai en sont donc, de plus en plus, réduits à faire de la figuration dans les décors de la vallée du Rift, à danser et construire de pseudo-villages ou à vendre des souvenirs aux touristes sur les plages près de Mombasa.

Association « Je serai un Masai »

www.jeseraiunmaasai.fr

C'est l'histoire d'une rencontre entre un Masai, Samuel Sekerot Ole Mpetti et un Breton, Vincent Doucet.

Le premier veut faire perdurer les traditions ancestrales tout en se projetant dans l'avenir. Et mettre en application un bel adage masai : « *Le passé est un pays où je n'habite plus* », en développant son village et en engageant les enfants dans la scolarité...

Le second œuvre en Bretagne pour un développement équitable et durable au sein de la petite ONG qu'il a créée – *Terra Natura*. Avec l'appui de Xavier Perron, spécialiste mondialement reconnu du peuple Masai, il souhaite développer un tourisme responsable et respectueux.

C'est de ces ambitions complémentaires qu'est né le projet « Je serai un Massai » : **un concept touristique et écologique unique, géré par et pour les Masai.** Près de 50 % du prix payé par le voyageur sera directement reversé à la communauté masai – un financement qui permettra de contribuer à la préservation de leur mode de vie pastoral.

Quant au touriste, ce projet lui permettra de découvrir une nouvelle façon de voyager et d'aller à la rencontre de l'autre. Bien loin du tourisme de masse, destructeur et peu enrichissant culturellement...

Afin de faire connaître l'environnement masai, six maisons traditionnelles ont été fabriquées. Il s'agit de maisons en branchage croisé, terre et bouse de vache séchées mais qui possèdent toutefois des sanitaires confortables ali-

Les lions du Mara

Le lion, le plus grand des carnivores africains, est le seul félin à vivre en société et il n'est pas rare de rencontrer des groupes d'une vingtaine d'individus. Le dimorphisme sexuel est particulièrement important. On reconnaît le mâle à sa majestueuse crinière. Les adultes peuvent atteindre 250 kg pour une longueur de 3 m. Les femelles pèsent environ 150 kg pour une longueur de 2,5 m. Certains ouvrages ont épilogué sur les stratégies de chasse développées par les lions. Cela est tout à fait discutable… neuf attaques sur dix se soldent par un échec! Le lion est en fait un opportuniste qui n'hésite pas à se faire aussi charognard.

mentés à l'énergie solaire. Adaptées au confort des Européens, des ouvertures plus grandes y ont été réalisées, avec deux lits, un dressing et une salle de bain. La cuisine proposée est simple, à base de salades, grillades, fruits…
Pas de safaris spectaculaires, mais **un séjour d'une semaine au plus près de la nature et du mode de vie indigène.** Les touristes partiront à pied à la découverte des animaux et pourront aussi traire les vaches. De plus, 50 % du séjour environ (compter entre 1 500 et 2 000 € par personne) sera consacré à la scolarisation, l'irrigation et la préservation de la faune et de la flore.

Faune du Masai Mara

La réserve est immense et nombreuses sont les collines, les plaines et les vallées où il est possible de goûter pleinement à **la sérénité** la plus absolue de la nature. Surtout si, en emportant un panier repas, on passe toute la journée en safari. On rencontrera certainement des zèbres de Burchell, des gnous bleus, des gazelles de Thomson et de Grant, des impalas, des dik-diks de Kirk, des guibs harnachés, des topis, des buffles, des cobes à croissant, des girafes masai, des élands, des éléphants, des phacochères, des chacals… peut-être des lycaons, des guépards, des léopards et sûrement des lions, dont la réserve ne manque pas.
Masai Mara est connu pour l'activité diurne de ses **fauves.** Il n'est pas si extraordinaire d'assister à une chasse aux heures les plus chaudes. Certains félins, en particulier les

Les kopjes constituent des points d'observation privilégiés pour les prédateurs.

guépards, ont même pris l'habitude de chasser essentiellement entre 12 h et 14 h, lorsque les touristes sont rentrés pour déjeuner, laissant la place plus paisible.

Les trois sections du parc

Le Y dessiné par les rivières **Mara** et **Talek** découpe la réserve en trois sections distinctes : le triangle de Mara à l'ouest, le Rhino Ridge à l'est, et les plaines centrales au sud. Il est, durant la majeure partie de l'année, impossible de rejoindre directement un secteur d'un autre sinon en faisant de longs détours.

Mara

Il s'avère nécessaire, pour rallier le côté sud à la partie ouest de la réserve, d'emprunter **le Mara New Bridge.** Pour se rendre du triangle de Mara aux collines du Rhino Ridge, il faut passer par **la Musiara Gate** et, pour rejoindre les plaines centrales depuis la partie est, de bifurquer par **la Talek Gate.**
La rivière Mara est essentiellement connue pour le spectacle saisissant qu'elle présente, entre août et octobre, lorsque **la grande migration** franchit ses eaux infestées de **crocodiles** pour s'installer sur les prairies orientales de la réserve. On pourra mieux observer le passage de ces milliers de gnous et de zèbres, aux alentours de **Mara New Bridge,** à quelques mètres de la frontière tanzanienne, et à **Kiboko,** en contrebas de Mara Serena. Leur présence transforme pour quelques semaines la plaine en un incroyable champ de courses. Mais la Mara demeure intéressante tout au long de l'année grâce à la présence des **hippopotames.** Il existe plusieurs points, nommés *Hippo Pools,* où il est possible de sortir du véhicule pour les observer.

Paradise Mara

L'atmosphère qui règne dans la partie nord de la réserve est différente. C'est le domaine des 4x4 et des luxueux camps de toile. C'est dans cette partie du pays, à cheval sur la réserve nationale et le sanctuaire de **Mara Paradise,** entre l'escarpement d'**Oloololo** et les plaines de **Miti Mbili,** que tous les plus grands photographes animaliers du monde se donnent rendez-vous et que la majeure partie des films consacrés à la vie sauvage est-africaine ont été tournés.
On peut y observer, outre les herbivores, d'imposantes **familles de lions,** des groupes de lycaons, des guépards et quelque léopard solitaire. La différence est qu'il n'est pas rare d'y voir passer la haute silhouette rouge d'un Masai, sous l'œil inquiet des fauves. Tandis que les vols en montgolfière sont l'apanage de la réserve nationale, où presque chaque hôtel en offre l'opportunité. Il est possible de voler en ULM depuis *Mara Paradise Lodge.*

LAC VICTORIA

En poursuivant à l'ouest d'Oloololo par la C13 la route conduit au lac Victoria. Véritable mer intérieure, la nappe lacustre, anciennement nommée Victoria Nyanza, couvre plus de 68 000 km^2. La région n'est guère touristique. Avec un peu d'esprit d'aventure, on peut pousser jusqu'à la réserve naturelle de **Lambwe Valley,** renommée parc national de Ruma.

A la saison des pluies, les vallées du N'Gorongoro se transforment en champs fleuris.

Il est possible d'y voir la girafe de Rothschild, l'antilope rouanne et le bubale de Jackson. Ceux qui préfèrent pêcher la perche du Nil, qui a envahi le lac au détriment de l'endémique tilapia, se rendront sur les îles **Mfangano** ou **Rusinga**, en passant par Homa Bay et Mbita.

Kisumu

En poursuivant vers le nord on arrive à **Kisumu,** troisième ville du Kenya, jadis nommée Port Florence, quand en 1903 l'*Uganda Railway* y accéda pour la première fois, après avoir franchi l'escarpement du Rift. On pourra y visiter **le Kisumu Museum** et **le plus grand marché** du Kenya. L'activité portuaire, un moment fléchissante, est redevenue prépondérante depuis la reprise des accords commerciaux entre le Kenya, la Tanzanie et l'Ouganda.

VALLÉE DU RIFT

La célèbre vallée qui fend le Kenya du lac Turkana au lac Natron appartient à la gigantesque dépression qui, voilà plus de 8 millions d'années, coupa net l'Afrique, de la mer Rouge au Mozambique. Avec ses défilés, ses lacs et ses volcans, dont certains sont classés, elle offre des points de vue diversifiés de toute beauté.

Sommet du Longonot

Depuis Nairobi, on rejoint la vallée du Rift, soit par la vieille route B3, qui prolonge Waiyaki Way au-delà de Spring Valley, ou plus sûrement par l'A104, qui fuit vers le nord après avoir dépassé les quartiers aisés de **Muthaiga.** Les points de vue sur le grand escarpement se succèdent à partir de **Limuru.** Le plus formidable d'entre eux s'offre, par 2 776 m, depuis le sommet du volcan assoupi de **Longonot.** Son ascension, relativement aisée, demande quand même une bonne heure de marche. De son sommet, la vue plonge jusqu'au **lac Naivasha.**

Lac Naivasha

Situé à 80 km de Nairobi.

Contrairement aux autres lacs de la vallée, Naivasha est composé d'eau douce. C'est sans doute le plus joli, avec ses rives ornées de papyrus et ses bosquets d'acacias au tronc jaune, et il possède une **abondante faune ovipare** (plus de trois cents espèces d'oiseaux : aigles pêcheurs, hérons, grèbes, cormorans, ibis, aigrettes, grues…).

Ile de Crescent

On peut y accéder en barque depuis le Lake Naivasha Country Club. Compter une demi-journée d'excursion.

Classée sanctuaire animalier, elle constitue un endroit privilégié pour observer la faune ovipare. Il est possible d'y voir aussi des cobes et des gazelles. L'exploitation commerciale des poissons, et notamment **la perche du Nil**, nuit cependant à la préservation des lieux.

Plantations de fleurs

La superficie couverte par les eaux fluctue sensiblement d'une saison à l'autre selon l'ampleur des précipitations et les besoins agricoles. Les environs du lac sont occupés, entre autres potagers, vergers et vignobles, par de nombreuses plantations de fleurs, dont les productions sont exportées au jour le jour, *via* Nairobi ou Eldoret, vers l'Europe.

Lac Elmenteita

En remontant la vallée sur environ 35 km, on découvre, après Gilgil, le petit lac blanc et rose d'Elmenteita, admirablement environné de collines douces et de volcans. Bien qu'il s'agisse d'une propriété privée, on peut y descendre, depuis le *view-point*, situé sur la route A104, pour observer – à distance – les flamants et les pélicans nichant sur des îlots de lave.

Nakuru

A 150 km de Nairobi, 496 km de Kampala, 5 749 km de Lagos et 5 997 km de Rome, comme l'indique la borne dressée à proximité de l'agglomération, Nakuru, **capitale administrative** de la province de la Rift Valley, est la quatrième ville du pays. Petite cité poussiéreuse, bâtie sur une plaine désolée, elle doit son existence à un jour de 1903 où, sous la pression de Lord Delamere, fut décidé qu'une gare y serait construite sur le trajet de l'*Uganda Railway*. Si la ville n'a pas grand-chose à offrir d'autre que le charme suranné

La présence de monstrueux crocodiles rend la traversée des rivières périlleuse.

Le lac Elmenteita, au Kenya, est le lieu de prédilection de la reproduction du flamant rose.

de ses rues bordées de colonnades, ses environs, et en tout premier lieu le parc national de Nakuru, possèdent des intérêts propres à séduire les naturalistes comme les touristes.

Lac Nakuru

Ouvert du lever au coucher du soleil. Entrée payante.

Lac bas et alcalin, le Nakuru a tout pour retenir les flamants. Mais la chose n'est pas si facile ! L'oiseau est délicat. Si, avec des pluies trop abondantes le niveau du lac monte ou si, par défaut de précipitations, il vient à trop baisser, les échassiers n'y trouveront pas leur compte en nourriture et s'envoleront pour d'autres terrains de pêche. Ainsi **les concentrations de flamants** – on en a compté certaines années jusqu'à deux millions – qui font la renommée du lieu ne sont-elles pas toujours au rendez-vous.

Parc Nakuru

Créé en 1961 pour protéger les oiseaux, le parc (200 km²), qui en abrite plus de quatre cents espèces, est cerné d'une clôture. On peut y observer des hippopotames, buffles, girafes, phacochères, cobes, gazelles, lions, léopards… et rhinocéros noirs et blancs, réintroduits en nombre ces dernières années. Les pistes sont bonnes et il ne faut pas manquer de monter sur les hauteurs de **Baboon Cliffs** pour admirer le paysage, ses eaux de jade, ses acacias jaunes, ses euphorbes candélabres et, avec un peu de chance, ses foules de flamants roses. **Attention !** Si l'envie vous vient de suivre les rives du lac, pour mieux observer les échassiers, il faut s'assurer de la résistance du sol : une croûte, apparemment dure, recouvre souvent des couches plus meubles, qui peuvent facilement retenir le véhicule prisonnier.

Menengai Crater

Située immédiatement au nord du parc national, la caldeira du Menengai passe, avec ses 12 km de diamètre, pour être l'une des deux

Le sourire du flamant

L'Afrique de l'Est abrite deux espèces de flamants, le nain, qui ne dépasse pas le mètre de hauteur, et le rose, dont la taille peut nettement dépasser le mètre cinquante. Tandis que le flamant nain se nourrit d'algues, le rose cherche les crustacés, les vers et les mollusques qu'il trouve en eaux un peu plus profondes. Cette répartition nutritive favorise leur cohabitation. Les flamants se nourrissent en marchant dans les eaux peu profondes en renversant curieusement leur tête de manière à ce que le sommet du crâne touche l'eau pour pouvoir ratisser la nourriture sans avaler l'eau salée. Cela leur donne comme un sourire.

plus grandes au monde. Depuis le sommet – par 2 490 m d'altitude –, qu'il est possible d'atteindre par une route depuis Menengai Drive, la vue sur le lac est grandiose. Le cratère fut le théâtre d'une des **grandes batailles de la guerre civile masai,** opposant le clan victorieux des pasteurs ilpurko à celui des agriculteurs ilaikipiak. L'endroit serait depuis hanté par les victimes ilaikipiak.

Hyrax Hill

Ouvert de 9 h à 18 h. Entrée payante.

Le site archéologique se niche à 3,5 km au sud de la ville. Ainsi nommé pour la présence de damans (*hyrax* en anglais), mammifères à l'allure de marmotte et pourtant petits frères de l'éléphant, il témoigne de **trois grandes époques de peuplement humain.** La plus récente remonte à deux siècles, la précédente à l'âge du fer et la première au néolithique. Le site fut découvert, en 1926, par Louis Leakey. Sa femme, Mary, y travailla de 1937 à 1938. Puis, d'autres fouilles furent entreprises à l'instigation des musées nationaux, à partir de 1965.

L'intérêt de l'endroit se concentre autour de **treize excavations**, dont on ignore l'usage, et qui sont connues sous la dénomination de « hameau nord-est ». Des tessons de poteries et des ossements datés au radiocarbone de 1500 av. J.-C. y furent trouvés. **Au sommet de la colline**, depuis le mur de pierres circulaire que, faute d'en connaître la fonction, on nomme « le fort », la vue sur la ville est excellente. Avant de quitter les lieux, on ne manquera pas de jeter un œil sur un **jeu de bao** incrusté dans la roche.

Bogoria

Situé a une centaine de kilomètres au nord de Nakuru, par la B4.

Si les flamants ne sont pas à Nakuru, ils sont à Bogoria. Les eaux métalliques du lac s'étirent au pied de l'escarpement bleu de **Siracho,** d'où s'échappe **la rivière Waseges.** Elles constituent, par leur concentration élevée

Le jeu de bao

Inscrit dans la roche de certains lieux archéologiques ou creusé dans le bois, le jeu, connu au Kenya sous le nom de *bao,* se pratique, sous différentes appellations, dans toute l'Afrique. La piste se compose de quatre rangées de huit trous. Chaque trou, au départ, comprend quatre pions. Qu'il se joue avec des coquillages, des graines ou des cailloux, le but du jeu est de s'emparer du plus de pions possible. La règle est simple. On retire les pions de la case que l'on veut de son camp, c'est-à-dire d'une située dans les deux rangées les plus proches de soi, et, un par un, on les distribue, dans le sens opposé des aiguilles d'une montre, dans chaque case rencontrée. Et on recommence ainsi l'opération depuis la dernière case atteinte jusqu'à ce qu'un des pions tombe, seul, dans une case de sa deuxième rangée. Il est alors possible de s'emparer des pions situés dans la case opposée de la deuxième rangée de l'adversaire, qui prend alors la main.

Le serpentaire se nourrit de criquets, de rongeurs et de reptiles.

en sels minéraux due à un fort écoulement alluvionnaire et une évaporation importante, un milieu hostile aux poissons mais extrêmement favorable à la multiplication de **l'algue bleue**, dont raffolent les flamants. La réserve du lac Bogoria présente un paysage de geysers et de falaises au milieu de beaux acacias et d'épineux. D'une superficie modeste (30 km^2), elle offre l'hospitalité à un million de flamants roses, soit 1/5e des flamants de la planète !

Parc

Le parc national de Bogoria produit des **sources chaudes, geysers et panaches de vapeur** fascinants. Il n'est pas rare qu'au péril de leur vie des inconscients y trempent les pieds ou les mains sous prétexte curatif ! Trois kilomètres avant d'arriver à la porte d'entrée de Loboi, au nord du parc, l'hôtel *Lake Bogoria* possède pour cela des bains thermaux.
Sur la centaine de km^2 qu'il englobe, le parc se distingue par la présence de gazelles de Thomson, d'oréotragues et surtout de grands kudus.

Baringo

Le Lake Baringo Club et le Robert's Camp organisent des promenades en barque vers les îles. Depuis Marigat, où se trouve la bifurcation pour Bogoria, une bonne route mène, en une quinzaine de km, au lac Baringo.

Contrairement aux étendues alcalines d'Elmenteita, de Nakuru et de Bogoria, Baringo est un lac d'eau douce. Sur les 1 200 espèces d'oiseaux observées au Kenya, plus de 450 le furent sur le lac. S'ils sont plus nombreux lors de **la période des reproductions**, qui se confond avec celle des petites pluies, leurs chants animent les berges tout au long de l'année.

Héron Goliath

Entre autres attractions ornithologiques, le lac produit la plus importante colonie de hérons Goliath d'Afrique de l'Est, une quarantaine d'individus qui ont construit leurs nids sur des arbres et des bouquets de papyrus de **l'île de Gibraltar.** Dépassant le 1,5 m, le héron Goliath est le plus grand représentant de la famille des ardéidés.

Le lit de l'Uaso Nyiro est régulièrement fréquenté par les éléphants.

Mont Elgon

Entrée payante. Escorte de rangers conseillée.

Quatrième sommet d'Afrique, il se situe sur la frontière ougandaise. Son point culminant, **le pic Wagagai**, qui atteint 4321 m, est en Ouganda.
Plusieurs possibilités s'offrent pour rejoindre le parc national du mont Elgon, selon que l'on est plus ou moins pressé mais aussi en fonction du véhicule dont on dispose :

Itinéraire 1

Depuis Nakuru, la route la plus directe est la A104. Elle traverse Eldoret et Kitale. Mais elle est très fréquentée. A noter qu'à l'ouest d'Eldoret, au-delà de l'escarpement de Nandi, la forêt de Karamega témoigne de ce que devait être la région, voilà quelques centaines d'années.

Itinéraire 2

On pourrait lui préférer l'enchaînement des C55 et C54, qui offrent des points de vue surprenants sur la vallée du Rift.
Deux autres possibilités d'itinéraires s'offrent à partir de **Baringo.** Soit en poussant vers le nord, par la B4 *(itinéraire 3)*, puis la A1 pour atteindre Kitale, soit en redescendant sur Maringat pour emprunter la C51 (itinéraire 4).

Itinéraire 3

Cette option permet d'admirer au passage **la réserve nationale de Kamnarok**, sise au fond de **la vallée de la Kerio**, avant de monter par une route vertigineuse vers **Iten**, au sommet de **l'escarpement d'Elgeyo.**
Les plus aventureux pourront alors partir à la découverte des collines boisées de **Cherangani**, en poursuivant la piste par **Kapsowar** et **Kapenguria**, avant de rejoindre Kitale par **les marais de Saiwa**, où il est possible d'observer les antilopes sitatunga ou guibs d'eau au cœur d'une petite réserve.

Itinéraire 4

Les autres emprunteront la C50. Loin des savanes, c'est l'image d'un Kenya agricole qui prédomine ici.

Grottes

L'entrée du parc national du Mont Elgon, **Chorlim Gate**, donne sur une végétation dense où l'on trouve des singes colobes, des buffles, des cobes, des léopards... et des éléphants. Leur comportement unique représente une grande curiosité. A la recherche de sel, ils ont creusé, depuis des générations et à coups de défenses, des grottes qui atteignent maintenant plusieurs centaines de mètres de profondeur. **Trois grottes** peuvent être visitées, Kitum, Chepnyali et la plus spectaculaire, Mackingeny. Prévoir une bonne lampe de poche !

Collines centrales

La région centrale des Highlands se situe à l'est de la cassure la plus orientale de la vallée du Rift, surnommée *Happy Valley* sous la domination britannique, dans les années 1930. Elle résulte des phénoménales éruptions volcaniques qui eurent lieu, voilà 3 millions d'années, suite à l'effondre-

Le guépard fréquente essentiellement les plaines dégagées, où il course le gibier.

ment de la grande faille de l'Afrique. Ses **hautes collines fertiles** au climat tempéré ont vu l'ascension puis la chute de la colonisation blanche : l'arrivée des pionniers européens par l'*Uganda Railway*, la création de grandes plantations de thé et de café, l'exploitation des Kikuyu, Meru et Embu, leur déplacement et enfin leur révolte, connue sous le nom de rébellion Mau Mau.

La plupart des terres sont revenues aujourd'hui aux Africains. Fragmentées en une multitude de lopins, elles ne cessent, en dehors de massifs classés, de mordre gravement sur la forêt pour satisfaire une population en expansion constante. La région possède **trois parcs nationaux de montagne :** Aberdare, Kenya et Meru.

PARC NATIONAL D'ABERDARE

Entrée payante. Mutubio, porte ouest du parc national d'Aberdare, se situe à une cinquantaine de km de la mauvaise route de Naivasha. Le parc national d'Aberdare, situé au cœur des anciennes White Highlands, est l'un des plus boisés du Kenya et dispose d'observatoires construits dans les arbres qui permettent de mieux profiter de la faune africaine.

Il possède une végétation très dense grâce à un climat doux et humide. C'est aussi l'un des rares endroits où l'on peut voir les magnifiques singes colobe.

Le parc comprend huit entrées, dont deux privées, à l'est, donnent directement accès aux légendaires *tree lodges*, l'ancien *Treetops* et le confortable *The Ark*. Construits sur pilotis, dans les arbres, face à des mares permanentes, ils assurent un **spectacle saisissant,** essentiellement nocturne, sur une faune d'éléphants, buffles, rhinocéros, léopards… rendu sinon difficile à apercevoir par la densité des forêts, la rigueur des conditions atmosphériques et la dégradation des pistes.

On circule dans le parc pour admirer, à flanc d'une montagne où certains sommets comme **le Satima** dépassent les 4 000 m, ses nombreuses et spectaculaires **chutes d'eau glacée** dont les Chania, Karuru et surtout Gura, qui tombent de plus de 300 m. Des belvédères ont été aménagés pour mieux les observer. Il est possible d'effectuer des **marches dans la forêt,** sous réserve d'être accompagné par un ranger armé. On peut aussi y pratiquer la pêche sportive de la truite arc-en-ciel.

Suivez le guide!

Les inconditionnels de cascades pourront rejoindre, par la B5, depuis le parc national d'Aberdare, les chutes de Thomson, à Nyahururu. Leur beauté mérite le détour.

PARC NATIONAL DU MONT KENYA

Entrée payante. Dressé sur l'équateur, à l'est de la chaîne d'Aberdare, le mont Kenya est, avec ses 5 199 m, le second plus haut sommet d'Afrique et le plus élevé d'un pays auquel il a donné son nom. Même endormi, même érodé, même domestiqué, le vieux volcan n'en finit pourtant pas d'impressionner et de faire rêver. La faune est abondante dans le parc national du mont Kenya : éléphants, buffles, singes… Mais l'animal que l'on trouve le plus fréquemment est l'hyrax, ce petit mammifère pas plus gros qu'un lièvre, que l'on appelle aussi daman.

Ascension au Lenana

Siège du dieu Ghai pour les Kikuyu, il est devenu un objectif touristique d'autant plus couru que son ascension, du moins celle de son troisième sommet, **le Lenana** (haut de 4 985 m), est relativement aisée. Il ne faut cependant pas sous-estimer l'entreprise qui, à ces altitudes, reste quand même une épreuve physique. Un bon équipement, une bonne préparation et un bon encadrement ne sont donc pas à écarter. Compter un minimum de 4 jours pour l'aller et retour depuis **Naro Moru**, point de départ de la plus populaire des six voies d'accès aux sommets, avec une halte à la station météorologique, une au **camp de Mackinder** et éventuellement une inconfortable dernière à **l'Austrian Hut.**

Autres excursions

Un chemin circulaire, hautement panoramique, sur lequel se trouvent les refuges de **Kami Hut** et de **Two Tam Hut,** permet de faire le tour des pics, cols et glaciers en deux ou trois jours. Les principaux sommets du massif sont **le Batian,** 5 199 m, et **le Nelion,** 5 188 m. Leur escalade est réservée aux véritables alpinistes.

Les Luos

Les Luos constituent, numériquement, la troisième ethnie du pays. Mais leur rôle politique national a toujours été difficile. Ainsi, Jamarogi Oginga Odinga, le propre père de Raila Odinga, l'opposant à la présidentielle de décembre 2007, a soutenu l'accès au pouvoir du Kikuyu Jomo Kenyatta.

Apparentée aux Masais, cette tribu d'origine saharo-nilotique est cependant beaucoup plus pauvre. Les Luos sont même marginalisés dans la vie économique, sociale et politique du pays et forment la majorité des populations des bidonvilles de Nairobi. Chez les Luos, la tradition veut qu'une femme, lorsqu'elle devient veuve, épouse le frère de son défunt époux. Une façon de préserver le patrimoine familial.

La silhouette de l'acacia ombrelle caractérise les savanes de l'Afrique de l'Est.

Les Kikuyu

Les Kikuyu représentent la plus importante population de l'Afrique des Grands Lacs et particulièrement de la région que les colons blancs ont nommé les *White Highlands.* Après avoir chassé les tribus des territoires convoités, ils devaient se confronter à de plus coriaces ennemis, les Masai. Certaines coutumes sont restées de leurs luttes et de leurs alliances. Le rite de la circoncision pour les garçons et de l'excision pour les filles (officiellement abandonné), calqué sur les pratiques masai, marque le passage de l'enfance à l'adolescence. L'initiation a lieu vers une quinzaine d'années. Précédée d'une nuit de danses, l'opération donne lieu à une retraite de quelques jours suite à laquelle garçons et filles pourront se livrer, en toute liberté, aux jeux d'apprentissage sexuels.

Superbe antilope de 1,20 m au garrot, l'oryx occupe les plaines sèches et les semi-déserts.

Les plus sportifs préféreront rejoindre les sommets par la spectaculaire **route de Chogoria,** sur le versant est du mont Kenya. C'est dans la zone généreusement boisée comprise entre 1 800 et 2 800 m que l'on pourra rencontrer le plus d'animaux, buffles, éléphants, lions... Cela n'exclut pas que des léopards ont déjà été aperçus à hauteur des glaces.
De très luxueux hôtels établis au pied de la montagne offrent des possibilités de safari à pied, à cheval ou à dromadaire pour découvrir les animaux.

PARC NATIONAL DE MERU

Entrée payante. Après avoir dépassé l'embranchement, où la route A2 bifurque au nord, vers **l'Isolio,** on arrive vers l'est, en poursuivant la B6, en terre meru.
Les Meru, originaires de la côte somalienne, se sont implantés dans la région au XVe siècle. Quoique récemment christianisés, ils n'en gardent pas moins des **croyances animistes** profondément ancrées. Leur dieu tout-puissant se manifeste par les astres et les étoiles, l'orage et l'arc-en-ciel, l'arbre et la roche. Le nouveau-né est, dès son arrivée au monde, présenté au mont Kenya par un ancien, un peu sorcier, un peu guérisseur.
La région est luxuriante. La forêt, bien que surexploitée pour ses chênes, ne fait place aux fermettes où poussent le thé, le café, les bananes et le *miraa* qu'aux alentours de la ville. **Le miraa,** plante dotée de vertus « stimulantes », est mâchée par les populations de la corne et de l'Est africain. La petite ville de Meru est le point de départ pour visiter le parc national du même nom. On peut aussi y visiter un **petit musée** dédié à la culture meru et à la faune, couplé à un déplorable **petit zoo** *(ouverts tlj sauf le dimanche de 9h30 à 18h).*

Visite du parc

Le *Kenya Wildlife Service* (KWS, l'agence kenyane de protection de la faune et de la flore) vient de déclarer le Parc national de Meru, aire de conservation unique et de classe mondiale. Cette dénomination vient couronner sept années de restauration menées par le gouvernement kenyan.

Grâce à des dons et une importante mobilisation, ce parc national, qui était autrefois connu pour son absence de sécurité, devrait devenir l'une des destinations touristiques les plus prometteuses de l'Afrique orientale. Mais attention, il est encore difficile d'accès, loin de Nairobi (plus de 200 km au nord-est de la capitale) et il n'est pas dans le circuit traditionnel touristique du Kenya. La distance reste donc toujours un problème.

Hors des itinéraires touristiques classiques, le parc est essentiellement connu par les expériences de **réadaptation à la vie sauvage,** auxquelles Joy et George Adamson se sont livrés sur les grands fauves, lions et léopards notamment. La nature luxuriante faite de forêts denses, d'herbes hautes, de marécages, de cours d'eau… rend l'observation des animaux difficile. On peut mieux les observer dans **les marais de Mulika,** depuis la terrasse du *Meru Mulika Lodge*. Le parc possède des éléphants, buffles, girafes réticulées, zèbres, oryx, lions, guépards et léopards.

S'il est aujourd'hui possible de circuler à Meru sans autre obligation que de régler le droit d'entrée, l'accompagnement d'un ranger n'est pas tout à fait inutile, ne serait-ce que pour s'y reconnaître dans le dédale des pistes, surtout si l'on veut s'aventurer dans **les réserves avoisinantes.** Le parc de Meru forme, avec **le parc national de Kora** et les réserves nationales de **Bisanadi, Kitui et Rahole,** un ensemble de 4 500 km^2.

Maison de Joy et George Adamson

Située quelques centaines de mètres après Fisherman's Camp, sur la route d'Hippo Point. Le musée est ouvert tlj de 17 h à 18 h. Entrée payante.

Le parc Meru a gardé une fâcheuse réputation depuis les années 1980, où il fut livré à un

Le mythe Adamson

L'écrivain éthologiste Joy Adamson aurait dû vivre une retraite sereine sur les rives du lac Naivasha, si elle n'avait pas été abattue, en 1980, par des braconniers au cœur de la réserve nationale de Shaba. Elle et son mari, George, se sont rendus célèbres pour le considérable travail qu'ils ont effectué sur les lions. Après le meurtre de sa femme, George vécut dans la réserve de Kora, à l'est du mont Meru, où il fut à son tour assassiné, en 1989, par des bandits somaliens. Le livre *Born Free* raconte cette formidable histoire d'amour entre les hommes et les fauves.

Les acacias parasols dominent les paysages de la petite réserve de Samburu.

braconnage d'envergure mafieuse. En 1988, un groupe de cinq rhinocéros y fut massacré à l'arme automatique et, en 1989, George Adamson fut assassiné à Kora, au sud de la réserve. Joy Adamson, son épouse, avait été abattue neuf ans auparavant. Leur maison, située face au lac de Naivasha, est aujourd'hui transformée en musée dédié à la protection de la nature.

RÉSERVES DE SAMBURU, BUFFALO SPRINGS ET SHABA

Ce large territoire arrosé par **la rivière Uaso Nyiro** est, avant que commence le désert, un environnement de collines vertes d'où ressortent le palmier doum, le tamarinier et l'acacia. C'est **la terre des Samburu,** proches parents des Masai.
A 343 km de Nairobi, les réserves de Samburu, Buffalo et Shaba couvrent respectivement 225 km², 339 km² et 280 km². Situées de part et d'autre des eaux brunes de la rivière Uaso Nyiro, celles de Samburu et Buffalo sont reliées, depuis 1964, par un pont voisin de *Samburu Lodge*. Celle de Shaba, un peu décalée, à l'est de la route A2, qui rejoint l'Ethiopie, s'étend au sud de la rivière. Moins fréquentée que les deux précédentes, elle est tout aussi belle et doit son nom au mont Shaba, qui culmine à 1 623 m au sud de la réserve. Toutes trois associent à la diversité de la faune la beauté des paysages et le charme des *lodges*.

La panthère

Leurs terres arides, auxquelles les eaux permanentes de la rivière procurent la vie, forment un domaine privilégié pour l'observation de **la panthère.** Si, au cours des chemins, il n'est pas bien difficile de repérer les zèbres, les éléphants, les girafes, les buffles, les cobes ou les dik-diks, qui font la spécificité du site, il faut essentiellement compter sur la chance et la patience pour localiser le félin, couronnement d'un safari.

Réserve nationale de Samburu

Entrée payante.

Bien que soumises à un droit d'entrée distinct, les réserves de Samburu et Buffalo forment un ensemble écologique cohérent. Elles présentent, en dehors de l'heureuse coulée verte de **l'Ewso Ngiro** qui les sépare et où se concentre la faune, une pauvre végétation de steppe à épineux dominée par **l'acacia.** Pour ce qui est des animaux, on pourra essentiellement observer des **dik-diks** vers le camp de **Samburu Intrepid's,** à l'ouest de la réserve, des **léopards** dans les arbres proches de la rivière, entre *Samburu Lodge* et le camp de *Larsen's,* des **guépards** sur les espaces dégagés alentour de la piste d'atterrissage, des **zèbres de Grévy** puis des **girafes réticulées,** en remontant vers le nord, où les terres s'élèvent peu à peu de 850 à 1 250 m. **Les lions** sont, pour leur part, imprévisibles. Quant aux **éléphants,** il est souvent possible de les apercevoir dans le lit de l'Ewso Ngiro, passant négligemment d'une réserve à l'autre comme le font aussi les troupeaux de **dromadaires** samburu.

Très accueillants, **les Samburu,** ethnie proche des Masai, produisent régulièrement des spectacles de danses folkloriques dans les hôtels les plus fréquentés des trois réserves.

Réserve nationale de Buffalo Springs

Entrée payante.

D'un relief moins accidenté mais plus aride, la réserve de Buffalo Springs présente les mêmes espèces d'animaux que sa voisine, si ce n'est peut-être une plus forte concentration de zèbres de Grévy, de **guénénuks,** dits gazelles girafes, et d'**oryx.** Le sous-bois, situé en contrebas de **l'Upper River Circuit,** est renommé pour ses **léopards.** Il est rare qu'en fin d'après-midi, on

Les Samburu et les Rendille

Historiquement proches des Masai, les Samburu se sont établis au XVIIe siècle dans les pâturages de l'est, tandis que les Masai poursuivaient leur invasion vers le sud. Ils occupent maintenant un vaste territoire compris entre Isiolo et Loyangalani, dont Maralal est le centre. Pasteurs, comme les Masai, ils logent dans des huttes de branchages et de pisé et vivent de l'élevage du bétail. Ils se nourrissent de sang et de lait. Issus de l'union de voyageurs somali et de femmes samburu, les Rendille vivent alentour de Marsabit, au alentours du territoire des Samburu, avec lesquels ils entretiennent des relations étroites. Leurs huttes sont recouvertes de peaux. Les femmes samburu comme rendille arborent de superbes parures de perles multicolores. Les garçons sont circoncis et les filles excisées, puis mariées presque immédiatement.

Chaque matin, les Samburu conduisent leurs dromadaires sur les rives de l'Uaso Nyiro.

Les Turkana et les El Molo

Originaires du nord-ouest du Kenya, les Turkana occupent une partie du territoire comprise entre la rive ouest du lac Turkana et la frontière ougandaise. Ils seraient environ 200000. Leur alimentation se compose, comme pour les Samburu et les Rendille, de sang et de lait. Tandis que les hommes gardent les chameaux, les jeunes filles s'occupent des moutons et chèvres. Le groupe des El Molo compte moins de 600 individus. Ils sont établis à la pointe du lac Turkana, dans la région chaude et inhospitalière de Loyangalani. Ils habitent des huttes circulaires recouvertes de palmes sèches, qui laissent s'infiltrer les courants d'air. Ils vivent essentiellement de leur pêche mais consomment aussi de la viande de tortue, d'hippopotame et de crocodile.

n'en aperçoive pas un ou deux, indolemment allongés sur une branche, à hauteur de 4x4. Leur présence donne souvent lieu à d'inextricables encombrements. Accoutumés aux véhicules, ils restent toutefois indifférents à la circulation.

Réserve nationale de Shaba

Entrée payante.

Créée en 1974 et ouverte au public en 1976, elle présente une vie animale plus discrète, mais **les paysages** qu'on y trouve sont splendides et il est toujours possible de croiser, au hasard, un **lion ou un léopard.**

Au nord des parcs de l'Isiolo

La région est devenue de moins en moins sûre pour les voyageurs. Sujets aux **troubles interethniques** ces territoires ne furent jamais tout à fait pacifiés. Une grande prudence s'avère nécessaire pour s'aventurer sur les routes au-delà d'Archer's Post. Y compris celles qui mènent au lac Turkana.

La visite de la partie nord du pays produit une **vision inattendue du Kenya.** Elle constitue une véritable expédition qui nécessite une bonne préparation ou, plus sûrement, le recours à un spécialiste.

Lac Turkana

Découvert en 1888 par les explorateurs Hehnel et Teleki, le lac porta le nom de l'archiduc Rudolf jusqu'aux années 1970, où il fut rebaptisé Turkana. La route la plus utilisée pour rejoindre le lac est celle qui, de Nairobi, monte sur **Maralal,** *via* Nakuru. Elle produit, à hauteur de **Loyangalani,** une vue grandiose et rude sur le lac. L'immense étendue d'eau vert jade frangée de sel s'inscrit au cœur d'un désert de roches volcaniques balayé par les vents.

Village de l'ethnie Samburu, près de la réserve nationale.

Loyangalani et le parc de Sibiloi

Petit village de huttes vaguement peuplé de Turkana, Samburu, El Molo, Rendille, sédentarisés et souvent convertis, Loyangalani constitue la base de départ pour **le parc national de Sibiloi**, où Richard Leakey's mit au jour, entre autres centaines de **fossiles d'Hominidaes**, ceux d'*Homo ergaster*, parent direct d'*Homo sapiens* moderne.
Quoique la vie animale ne soit pas absente de cette terre ingrate, elle reste rare. **Les éléphants** ont été victimes du braconnage, mais on peut rencontrer quelques hyènes, girafes, autruches et guépards. On accède à la rive gauche du parc en suivant la A1 par Kitale et Lodwae. C'est de ce côté que l'on rencontrera le plus de **Turkana.** Cette voie aboutit à **Kalokol**, d'où il est possible de se rendre au Central Island.

Parc national de Central Island

Cette petite île volcanique, qui surgit des eaux vertes, est connue comme lieu de reproduction des **oiseaux de mer** et surtout de milliers de **crocodiles.** L'observation des nouveau-nés est normalement possible en avril et mai. Les eaux du lac sont habitées de perches du Nil, dont certaines atteignent les 100 kg. Cela a engendré le développement d'une pêche industrielle à côté de celle traditionnelle pratiquée par **les El Molo.**
C'est à proximité de Kalokol, à **Lothidok Hills**, qu'ont été découverts les ossements des plus vieux *Hominoidaes* attestés, les *Kamoyapithecus*.

A vue d'aigle

Plus sûre et rapide, la voie aérienne procure une **vue fantastique sur le Turkana.** Les liaisons sont cependant irrégulières. Il est possible d'emprunter des avions-taxis ou d'acheter des tours complets de quelques jours de Nairobi. Les aventuriers verront certainement de l'intérêt à poursuivre la découverte du désert vers les forêts verdoyantes du **parc national de Marsabit.** Une occasion unique de croiser **les Rendille.**

CÔTE EST

Un safari au Kenya s'achève souvent par un **séjour balnéaire.** Les 500 km de côte qui constituent la façade océanique du pays représentent, au-delà d'une ceinture de bananiers, manguiers, frangipaniers et cocotiers, un univers insoupçonné pétri de farine de corail et de camaïeux d'océan vert et bleu. Mombasa en est la porte d'entrée incontournable.

Mombasa

10 km

15 min

Environ
1000 KSh/11 €

Mombasa est reliée au continent par les ponts de **Nyali**, de **Makupa** et par **le ferry de Likoni.** Le pont de Makupa prolonge la route A109, qui mène tout droit au cœur de la vieille ville. Fébrile et indolente, séduisante et indifférente, la ville joue encore les trouble-fête. Tiraillée par des tensions internes entretenues par une politique tendancieuse, elle trouve son

Les femmes de la côte

L'unité familiale minimale se compose de l'homme, de la femme et d'un enfant. Elle est nommée *nyumba,* ce qui signifie littéralement « maison ». L'homme peut posséder autant de *nyumba* qu'il a de femmes. Les mariages s'organisent encore souvent dès la puberté par entente entre parents. La place de la mère se situe généralement à la maison. Elle n'en sort que pour faire les courses ou rendre visite à ses amies. En dehors de l'habitation, les femmes swahili portent d'amples vêtements traditionnels de voiles noirs, les *buibui,* dont ne ressortent que les mains et le regard fardé de khôl. Bien que cette règle tende à s'assouplir, notamment chez les plus jeunes, la femme swahili est encore bien loin de l'émancipation. Notamment dans des secteurs très traditionalistes, tels que Lamu.

Le kanga, porté par les femmes swahili, cache des messages provocants et humoristiques.

identité dans son métissage, dont **la culture swahili** représente l'expression bigarrée.

Petit rappel historique

Merveilleusement sertie dans la côte kenyane, l'île de Mombasa suscita la convoitise de trafiquants, aventuriers et colonisateurs de tout poil. Poussés par les vents de la mousson, **les navigateurs arabes** du golfe Persique y prirent vraisemblablement pied voilà plus de mille ans. **Au XIIe siècle**, l'un d'entre eux décrivait l'endroit comme une petite agglomération, siège du roi des Zenjs, où les habitants se livraient au commerce des peaux de léopards, de l'ivoire et des carapaces de tortues. **L'arrivée des Portugais** remonte à la toute fin du XVe siècle. Une succession de conflits et d'alliances conduits par **Vasco de Gama**, Francisco de Almeida et Nuna da Cunha aboutit, en 1593, à l'édification d'un important fort qui allait devenir le théâtre de nombreux drames. Le drapeau du sultan d'Oman y flottera de 1832, année où celui-ci transféra sa capitale de Muscat à Zanzibar, jusqu'à 1963, quand **les Britanniques** accordèrent l'indépendance au pays.

La côte jouit, durant **la période coloniale**, d'un statut administratif particulier qui permit aux douze tribus musulmanes établies à Mombasa de garder leur propre organisation. En 1907, la ville perdit son rang de capitale coloniale, au profit de Nairobi, mais demeure, avec presque un million d'habitants dont une large part a débordé sur le continent, la deuxième ville du pays et le plus grand port de l'Afrique de l'Est.

Fort Jésus

Ouvert tlj de 8 h à 18h30. Entrée payante.

On accède au fort par l'avenue Nkrumah. Plantées au-dessus des eaux vertes du vieux port, ses épaisses murailles d'un gris bleuté témoignent des **rivalités sanglantes** qui opposèrent les occupants arabes aux envahisseurs portugais. La construction censée affirmer la suprématie des Lusitaniens devait être leur tombeau. Après avoir essuyé une première insurrection en 1631, qui se solda par le massacre des Portugais, la citadelle subit un **siège décisif** de trente-trois mois qui, en 1698, aboutit à la mort de tous les occupants. Les tourelles, meurtrières et créneaux piqués de salpêtre produisent maintenant plus de charme que de peur. Et dans la vaste cour centrale, qui occupe tout l'intérieur du fort, les canons et les boulets n'en finissent pas de rouiller.

Omani House

L'endroit le plus intéressant de cet espace trop vide se situe dans le coin nord-ouest du fort. C'est **la salle d'audience**, l'Omani House. Construite au XVIIIe siècle, elle servit de logement au gardien quand le fort fut transformé en prison. Son toit offre une **belle vue sur Mombasa** par-dessus les palmiers et les frangipaniers.

Musée du Fort

Ouvert tlj de 8 h à 18 h 30. Entrée payante.
Aménagé dans les anciens bâtiments de garnison, ce petit musée apporte un témoignage sur les cultures portugaise, chinoise, indienne, perse et notamment swahili, qui influencèrent le littoral.

Mama Ngina Drive

En poursuivant Mama Ngina Drive, on parvient à une inattendue forêt de baobabs. Les historiens y situent le premier peuplement de la côte kenyane. Les nombreux bancs qui ponctuent la promenade permettent de profiter du spectacle du **récif corallien**, où viennent battre les vagues. Mama Ngina Drive est extrêmement fréquentée, en particulier durant le week-end et on y trouve de nombreux **commerçants ambulants.**

Centre-ville

Le quartier touristique s'étend sur une paire de km^2, depuis les étranges défenses d'éléphants monumentales qui enjambent **l'avenue Moï**, axe chic de l'activité touristique de Mombasa, jusqu'au front de mer. Le centre de la ville arbore un curieux mélange architectural fait de cathédrales, de bureaux, de temples, de magasins, de mosquées, de banques… où l'activité s'apaise aux heures les plus chaudes. Bien que la plupart des maisons aient moins d'une cen-

La langue swahili

Le mot « swahili » provient de la racine arabe *sahil,* qui signifie « côte ». La langue swahili constitue le véritable ciment de l'Afrique de l'Est. Elle couvre le Kenya, la Tanzanie, l'Ouganda, le Rwanda, le Burundi ainsi que le nord du Mozambique, du Malawi et de la Zambie. Elle regroupe plusieurs dialectes dont le *bajun,* parlé sur la côte somalienne, l'*amu,* pratiqué sur l'île de Lamu, le *mvita,* employé à Mombasa, l'*unguja,* parlé à Zanzibar, le *vumba,* utilisé en Tanzanie… Elle est le résultat de mariages survenus voilà environ un millier d'années entre les peuples africains d'origine bantou et les marchands arabes et persans. Ce n'est qu'au XIXe siècle que le swahili s'infiltra à l'intérieur des terres par les pistes caravanières tracées pour le commerce des esclaves.

Les habitations du vieux Mombasa offrent à l'œil du promeneur une architecture variée.

taine d'années, il se peut qu'**au hasard des ruelles,** l'on découvre un mur de corail, un vieux balcon ou une porte ouvragée.

Temple jaïn

Situé à l'est de l'avenue Kenyatta, sur Digo Road.

La sérénité du temple jaïn contraste avec l'animation du **marché aux fruits** de Mackinnon, voisin. L'extraordinaire édifice de marbre blanc offre l'opportunité d'appréhender une discipline remarquable qui, depuis vingt-cinq siècles, imprègne le caractère indien au plus haut niveau social. On y pénètre pieds nus.

Mosquées

On entre dans les mosquées après s'être lavé pieds et mains. Une tenue vestimentaire correcte est exigée.

En dépassant le temple jaïn, vers l'est, on arrive dans **la plus ancienne partie de la ville.** Ses habitations de style mêlé sont dominées par les minarets des mosquées swahili. Celle de **Basheikh** *(Old Kilindini Road)* passe pour être la plus ancienne. Elle n'est, en fait, peut-être pas plus âgée que celle de **Mandhry** *(Barakina Hinawy),* dont la construction remonte à 1570.

Port de Dhow

En cheminant vers l'orient dans le labyrinthe or et rouille de la vieille ville, on arrive infailliblement au port, dont l'activité n'est plus rythmée par le cycle des moussons qui, chaque avril, ramenaient des centaines de *dhows,* traditionnelles barques à voile dont le port tire son nom. L'endroit est devenu plus calme, si ce n'est l'activité passagère autour d'un petit marché aux poissons et de quelque navire chargé de bois.

Mombasa côté sud

On accède aux plages de la côte sud par le ferry de Likoni.

La plage la plus proche de la ville est celle de **Shelly,** qui tire son nom des coquillages qui la jonchent. Ses eaux représentent, à certaines périodes, l'inconvénient majeur d'être envahies par les algues. A une vingtaine de km la plage de **Tiwi** attire essentiellement une clientèle de routards. Elle se prolonge au-delà du lit de la rivière **Mwachema,** infranchissable hors de la période la plus sèche, par celle de **Diani.** Etendue sur une dizaine de km, elle représente l'archétype du rêve balnéaire. Il est possible, entre autres loisirs, d'y pratiquer la planche à voile, la pêche au gros et la plongée sous-marine. Ceux qui descendront vers **Shimoni** retrouveront un Kenya plus authentique. A

La plage de Diani, archétype du rêve balnéaire.

Msambweni, on découvre une ravissante plage endormie où la mer, en se retirant, laisse entre les roches des piscines naturelles. La route coupe ensuite une région verdoyante élégamment plantée de palmiers rôniers et doumiers, puis s'engage au milieu des plantations de canne à sucre, avant d'arriver au petit **port de Shirazi**, planté au milieu des mangroves. **L'île de Funzi** lui fait face. Il est possible de la rejoindre à marée basse par un étroit passage, au nord, en suivant la route côtière.

Wasini et Kisite

L'île de Wasini, située entre le Kenya et la Tanzanie, est toute proche du parc marin de Kisite. Il faut compter 1 h 30 de route environ de Mombasa. **Cet endroit protégé permet d'observer les poissons tropicaux dans leur élément naturel corallien.**
La plupart des organisateurs d'excursions ne fournissent plus de palmes, à la demande du KWS, afin d'aider à la protection du corail. Sur la côte, on trouve aussi des parcs marins comme ceux de Watamu. Les fonds marins de l'océan Indien abritent des coraux magnifiques et de nombreuses espèces de poissons tropicaux.

Faune marine

La densité animale n'est certes pas aussi importante qu'en mer Rouge, mais l'on

Suivez le guide !

Depuis le port, il est possible d'effectuer des sorties à bord de *dhows* ou des bateaux de haute mer. Cela constitue un excellent moyen de découvrir la côte, tout en s'offrant un paisible dîner pendant la croisière.

Les Beach boys

On surnomme ainsi les garçons qui se trouvent sur la plage de Diani et démarchent les touristes pour leur vendre des excursions et des safaris à prix très compétitifs, ou encore des objets soi-disant artisanaux. Il peut y avoir de bonnes surprises mais aussi parfois des désagréments… Un ferme mais souriant « *no business* » calme souvent leur insistance !

Suivez le guide !

Il est désormais possible de s'offrir une escapade en quad à partir de Diani pour une demi-journée, une journée ou deux jours. Au programme : découverte du quad sur piste, rencontre avec la population, visite d'un village, randonnée dans les régions de Shimba Hills, Kwale et Mwalumkagé... Une formule originale pour découvrir les paysages autrement !

peut voir dans l'océan Indien des **requins-baleines** – le plus grand poisson vivant (12 m) – ainsi que des murènes-rubans, des serpentines-colubrines, des hippocampes de la Réunion, des hippocampes-girafes, des poissons-grenouilles de Commerson, des poissons-scorpions à houppe, des poissons-feuilles, ou encore des rascasses volantes, des poissons-clowns et des tortues imbriquées. Quelques rencontres sont possibles (mais plus rares qu'on ne pense) avec des dauphins, qui suivent les bateaux à l'étrave...

Kisite National Park

Entrée payante. Bateau, environ 300 KSh par personne.

Le parc marin national qui fait face à Shimoni constitue son unique mais bel intérêt. Il est possible, pour s'y rendre, de louer un bateau auprès du poste de garde de Shimoni et de louer du matériel de plongée au restaurant *Mpunguti*, sur **l'île de Wasini.** Une bonne occasion pour goûter à d'excellents poissons.

Réserve nationale de Simba Hills

A 56 km de Mombasa. Entrée payante.

Situé entre 300 et 400 m d'altitude, la réserve offre une fraîcheur appréciable après l'humidité de la côte. Avec une superficie de 310 km², elle se compose d'alternances de savane et de forêt pluviale. Le parc est surtout connu pour la présence des **superbes et timides antilopes noires,** nommées hippotragues, mais aussi des non moins altières et rares rouannes. Les buffles et les girafes sont également communs. Malgré son surnom de « collines du lion », le parc comprend cependant peu de grands fauves. Lions, léopards et éléphants sont rares. Les amateurs de fleurs pourront observer de **magnifiques espèces d'orchidées.**

Mombasa côté nord

Le pont de Nyali favorise considérablement l'accès aux plages du nord de Mombasa : **Nyali, Bamburi, Shanzu, Kikambala et Vipingo.** Bien que moins sauvages que celles situées de l'autre côté de la ville, elles bénéficient de nombreux attraits.

A Mombasa, la pêche artisanale alimente le petit marché aux poissons du vieux port.

Mamba Crocodile Village

Ouvert de 8 h 30 à 18 h 30. Entrée, 400 KSh.

La plus importante **ferme de crocodiles** du Kenya offre un parcours tracé parmi les cours d'eau et les cascades pour observer des milliers de sauriens, des petites aux plus grandes tailles. Il est possible de goûter au *croco-burger,* un **hamburger de crocodile** dont le goût oscille entre ceux du poisson et du poulet.

Décor de carte postale pour cette plage de sable blanc près de Malindi.

Bamburi Nature Trail

Ouvert de 9 h à 17 h. Entrée payante.

Créé en 1971 pour reconstituer un environnement naturel détruit par une gigantesque fabrique de ciment, elle passe aujourd'hui pour être une réussite exemplaire. On y trouve des élands, des oryx, des cobes à croissant, des phacochères et des hippopotames déplacés du lac Naivasha. On peut aussi y observer **nombre d'oiseaux,** tels que des grues couronnées et des pélicans. Le complexe inclut une ferme de **poissons tilapia.**

Bombolulu

Ouvert du lundi au samedi entre 8 h et 17 h. Entrée payante, 200 KSh.

Créé pour procurer du travail aux handicapés de la région, c'est un bon endroit pour acheter des **bijoux réalisés avec des matériaux naturels** ou des pièces anciennes. Un centre culturel présente des exemples d'architecture traditionnelle.

Mtwapa

Situées après le port Mtwapa Creek.

Les ruines swahili de Jumba la Mtwapa sont éparpillées parmi les baobabs, sur une vaste pelouse dominant la mer, et racontent des histoires de mosquées, de maisons d'esclaves et de tombes islamiques…

Kilifi

La route du nord longe une côte sablonneuse que des chemins de traverse, entre les

Les philosophes de la non-violence

Ecologistes absolus, les Jaïn se sont fixé le respect de la vie, dans ses moindres manifestations, comme règle disciplinaire. Bien qu'ils ne soient que trois millions de pratiquants dans le monde, essentiellement localisés en Inde, leur pensée fut déterminante aussi bien en Inde qu'en Afrique.
Deux cents ans avant nos cathédrales, les bâtisseurs jaïns édifiaient des temples merveilleux, centres d'accueil, de méditation et de savoir. Les fidèles y viennent pieds nus et habillés de blanc, les bras chargés de fleurs et d'encens, prouver leur attachement à des dieux d'albâtre au regard de diamant, qu'ils nomment Tirthankaras. Leur idéal est la beauté, leur arme la non-violence, leur chemin la tolérance, leur but la Libération et le Nirvana.

Les musulmans du Kenya

Quoiqu'il soit difficile d'avancer un chiffre précis, on peut estimer que les musulmans représentent entre 5 et 10 % de la population du Kenya tandis que les chrétiens dépassent les 65 %. Les Swahili représentent la plus importante communauté musulmane du Kenya. Elle connut son apogée voilà environ deux siècles grâce à un commerce florissant basé sur le trafic. Contrairement aux représentants chrétiens, qui ont systématiquement converti les peuples approchés, la diffusion de l'islam à l'intérieur des terres est récente. Elle touche essentiellement les populations urbaines des grandes villes et les rives du lac Victoria. Du fait de son hétérogénéité, liée aux différences culturelles, la communauté musulmane n'est pas parvenue à unifier ses rites autour d'une même règle.

Sur la plage de Malindi, élégance des parures traditionnelles.

plantations de sisal, permettent de rejoindre en quelques minutes depuis, entre autres, **Kikambala** et **Kurvitu.** Une dizaine de km avant d'arriver à Kifili, une bifurcation vers l'océan permet de rejoindre **Takaungu.** L'endroit passe pour avoir été le plus vieux port de commerce d'esclaves de la côte. Si la ville moderne a peu d'intérêt, **Mnarani,** implantée sur la rive sud de la rivière Kifili, présente des vestiges de civilisation musulmane. La route s'engage ensuite dans une **région de forêts primaires** où il n'est pas rare de croiser singes vervets et calaos au grand bec.

Watamu et Gedi

Ruines accessibles de 7 h à 18 h. Entrée payante.

Watamu est essentiellement renommé pour la splendeur de **ses fonds sous-marins,** qui possèdent d'attractives richesses. On peut y faire des plongées avec bouteille comme des tours en bateau à fond transparent.

Au nord des marécages, mangées par la jungle, **les ruines de Gedi,** datées du XIVe siècle, constituent un des principaux sites historiques du pays. Elles paraissent peuplées d'êtres mystérieux qui semblent nous regarder de derrière les murs, ce qui donne aux pierres de corail du palais, des mosquées et des tombes, principaux vestiges à visiter, un charme romanesque profondément attachant.

Malindi

Le port était, au XIVe siècle, un important centre de commerce, rival de Mombasa. Aujourd'hui la station connaît un *boom* touristique important, fortement marqué par une implantation italienne exubérante. Il y a, en dehors de la promenade, peu à voir, sinon une chapelle portugaise élevée par **Vasco de Gama** et le monument érigé, en 1959, à la mémoire du célèbre navigateur portugais.

C'est vers la mer, au-delà des plages bordées d'hôtels et de cocotiers, qu'il faut se tourner pour trouver l'intérêt majeur du lieu : situé dans le prolongement de celui de Watamu, son récif est classé **parc national marin.** Sa préservation est toutefois menacée par l'érosion des berges surexploitées de la rivière Sabaki.

Lamu

Après avoir connu une rayonnante période de prospérité basée sur la traite des Noirs, Lamu tomba, après l'abolition de l'esclavage, dans une mélancolie boudeuse. Ce sont les premiers voyageurs qui la tirèrent de sa somnolence. Depuis l'expansion touristique n'a cessé de croître, mais Lamu n'en reste pas moins **profondément arabe,** comme elle l'est depuis un millier d'années. Des femmes mystérieusement enveloppées dans de noirs *buibui* et des hommes drapés de *khanzu* blancs et coiffés de *kofia* brodés déambulent, sur le sable rose, dans l'ombre des ruelles éclatantes de blancheur. Parfois un âne ou une charrette à bras obstruent le passage. Pas de véhicules à moteur, à peine l'électricité, pas assez d'eau… et des chats. Des chats partout. Lamu attire une clientèle particulière, sensible au **dépaysement radical.**

Lamu Museum

Ouvert de 8 h à 18 h. Entrée payante.

Entre église et mosquée, face à la jetée, le petit musée de Lamu compte parmi les plus instructifs du pays. Des salles consacrées à l'histoire et à la culture swahili exposent la fidèle reproduction d'une maison traditionnelle, divers types de boutres de pêche et de commerce, des *siwa,* instruments de musique réalisés à partir de défenses d'éléphants…

Donkey Sanctuary

A quelques pas vers le nord, en longeant la côte, l'on parvient à un enclos cerné de murs blancs particulièrement sympathique, où un Anglais a créé un **refuge pour tous les ânes,** bourriques, baudets, bourricots, aliborons… bref, les bêtes de somme qui, après avoir contribué au confort de l'homme, se trouvent abandonnées, malades ou diminuées.

Swahili House Museum

Ouvert de 8 h à 18 h. Entrée payante.

Cette **maison traditionnelle,** restaurée et meublée, se trouve au cœur d'un dédale d'habitations basses, ponctué de mosquées (la ville en comprend 23), qui associe les arches d e corail, les murets chaulés, les toitures de tuiles ocre, les piliers de palétuviers, les portes cloutées… Les quelques centaines de mètres qui séparent la maison swahili du fort fournissent une bonne occasion de pénétrer dans le théâtre anonyme (les rues n'ont pas de nom) du **quotidien swahili.**

Fort

Ouvert de 8 h à 18 h. Entrée payante.

Construit en 1810, il a été complètement restauré après avoir servi de prison de 1910 à 1984. Il est actuellement le siège d'une exposition « temporaire » sur l'environnement, qui n'en finit pas d'être prorogée. Un marché de fruits, légumes, épices et poissons jouxte le fort.

Plages

Si la ville elle-même ne possède pas de plage, il est facile de rejoindre les plages voisines en utilisant les *dhows* ou boutres aux voiles triangulaires. Leurs propriétaires peuvent organiser de simples traversées comme des excursions pour la journée ou pour plusieurs jours à des prix acceptables. Avec poisson frais grillé au menu ! Ceux que **la fabrication des dhows** intéresse devront se rendre à Matondoni.

Manda

Entrée aux ruines payante.

L'île de Manda possède **les vestiges de Takwa** : une mosquée et un groupe d'une centaine de maisons de pierre de corail, que leurs habitants ont dû quitter, à la fin du XVIIe siècle, pour s'installer à Shela. La jungle alentour, d'où ressortent les baobabs, confère d'autant plus un goût d'aventure à la visite qu'il est parfois possible de croiser quelque éléphant arrivé par le canal de Mkanda.

Tsavo

Ouvert du lever au coucher du soleil. Entrée payante.

Le plus vaste parc du Kenya (20812 km^2) n'est pourtant pas prodigue. Contrairement à Amboseli, Masai Mara ou Samburu, il ne dévoile son intimité qu'aux plus persévérants, aux méritants, aux puristes. A ceux qui acceptent de chercher, parfois longtemps, **la vie cachée au cœur de ses immensités** plantées d'épais bosquets et de forêts profondes. L'attente aux **points d'eau** des hôtels est, à la saison sèche, souvent préférable aux longues et hasardeuses *game drive* pour, à coup sûr et sans peine, observer

Le lac Jipe offre une bonne occasion d'approcher les crocodiles et les hippopotames.

une faune qui n'est pourtant pas rare, car le parc abrite un grand nombre d'éléphants, de buffles, de koudous, d'élands, de cobes à croissant, d'oryx, d'impalas, de gerenuks, de girafes... qui, pour autant qu'ils soient visibles, produisent des spectacles toujours exceptionnels. On y trouve également un observatoire immergé pour découvrir les crocodiles et les hippopotames. La terre – de la latérite rouge – recouvre d'une belle parure ocre les animaux qui ont l'habitude de se rouler au sol. Le parc est divisé en deux parties administrativement distinctes, Tsavo Est et Tsavo Ouest, par la voie ferrée et la route A109 reliant Mombasa à Nairobi.

Voi, l'une des cinq portes d'entrée du parc de Tsavo Est.

Tsavo Est

La partie est de Tsavo couvre environ 11 000 km². Elle est encore peu visitée quoique son point d'accès le plus méridional, **Bachama Gate,** ne soit qu'à une centaine de km de l'aéroport de Mombasa. Des cinq portes d'entrée que possède le parc, celle de **Voi,** à 62 km au nord de celle de **Bachuma,** est la plus largement empruntée. Située à 4 km à l'est du village, elle donne sur **les marécages de Kanderi,** qu'alimentent les eaux de la Voi. L'endroit est propice aux grands rassemblements d'herbivores. En suivant la rivière sur une trentaine de km, vers *Aruba Lodge,* on parvient au barrage d'Aruba, qui attire également bon nombre d'animaux. Plus au nord, **la rivière Galana,** dont le cours louvoie au pied de **l'escarpement de Yatta,** marque la frontière entre la zone touristique et celle, au nord, accessible uniquement sous conditions.

Le camp de **Galdessa,** situé sur la rivière, est très actif dans la préservation des **rhinocéros noirs.** Il développe un ambitieux projet de réhabilitation qu'il est possible de visiter. On y accède par la porte de Manyani, à 39 km de celle de Voi.

Tsavo Ouest

On y accède par Tsavo Gate.

Sur 8 500 km², elle offre bon nombre d'attractions touristiques dont **les Mzina Springs** sont les plus connues : une **chambre d'observation sous-marine** est censée révéler la vie aquatique cachée des hippopotames, mais il est fort rare que l'un d'entre d'eux s'approche des vitres... Et, si cela était, les bancs de poissons, qui n'en finissent pas de tourner autour de l'observatoire, en masqueraient quasiment la vue. Il est facile d'observer de **jolis serpents** d'un vert vif sur les arbres alentour.

A quelques kilomètres au nord, les coulées de lave de **Shetali,** qui coupent la C103 peu après **Chylulu Gate**, constituent un spectacle presque inquiétant. Tout près de là, **les mares de Kilaguni** et **Ngulia Lodge** constituent d'excellents points d'observation de la faune. Un peu plus loin, vers l'ouest, au-delà du **Poacher's Lookout**, l'un des meilleurs camps du pays, **Finch Hatton's Safari Lodge**, offre la possibilité de séjourner dans de luxueuses tentes dressées au-dessus d'un étang peuplé d'oiseaux, de tortues et d'hippopotames. Avec le Kilimandjaro en ligne de mire! Niché aux confins du parc, face aux collines tanzaniennes, le lac Jipe constitue une étape très agréable. La promenade en barque sur le lac est inoubliable lorsque la plus haute montagne d'Afrique se reflète, au lever du jour, dans les eaux impavides.

Taita Game Sanctuary

Insérées entre Tsavo Est et Tsavo Ouest, les molles **collines de Taita** abritent une réserve privée, où il est souvent plus facile d'observer les animaux que dans le parc national voisin. Elle comprend, sur 110 km^2, trois hôtels de style très différent dont le fameux *Salt Lick Loge,* dont les bâtiments en forme de champignon marquent, plus ou moins heureusement, le paysage. Un **point d'observation souterrain** permet l'approche des animaux, notamment des éléphants, au niveau du sol. Le sanctuaire est parfaitement adapté à de courts safaris au départ de Mombasa.

NOS COUSINS LES PRIMATES

Les colobes d'Angola

Ce sont des **singes arboricoles** africains, qui sont toujours liés aux massifs forestiers. Ces singes noirs à franges blanches sur les épaules ont aussi les favoris et le bout de la queue blancs. Ils se reconnaissent à leur absence de

Les colobes d'Angola se reconnaissent aux franges blanches de leurs épaules et de leur queue.

C'est l'heure de la toilette pour ce singe vervet…

pouce aux mains. Les mâles ont une ligne de poils blancs le long du périnée. Ils ne mangent que des feuilles, des fleurs ou des fruits, et cohabitent très bien avec l'homme. Ils sont environ **400 au Kenya,** surtout vers Diani, où une réserve a été installée pour eux.

Colobus Trust

www.colobustrust.org

Le *Colobus Trust* est un organisme à but non lucratif créé en 1997 sur la côte sud du Kenya pour promouvoir la conservation, la préservation et la protection des primates, en particulier des colobes d'Angola (*Colobus angolensis palliatus*).

En général, 13 permanents et 14 bénévoles y travaillent mais les événements de la fin 2007 ont amené beaucoup de ces derniers à annuler ou reporter leur voyage. Le centre a créé 23 *colobridges*, des échelles installées entre les arbres de chaque côté de la chaussée, pour permettre aux colobes d'éviter de traverser la route et d'avoir des accidents, souvent mortels.

Les singes vervets

Ces petits singes gris-brun se reconnaissent à leur face noire cerclée de blanc et au scrotum des mâles dominants, d'un bleu intense (les tétines des femelles sont aussi colorées). Peu farouches avec l'homme, ils font souvent les poubelles des hôtels.

Les singes sykes

Ces singes possèdent une très longue queue, une gorge claire et des poils blancs au-dessus des yeux. Ils ont un aspect de « peluche » et leur cri de rassemblement évoque un gazouillis d'oiseau. Ils se déplacent parfois avec les singes colobes et il est fréquent de voir les jeunes des deux espèces jouer ensemble.

Les babouins cynocéphales et les babouins anubis

On en rencontre beaucoup au Kenya. Les premiers se trouvent surtout à Shimba Hills, Tsavo ainsi qu'entre Mombasa et Tsavo. Les seconds se rencontrent plutôt au nord du pays. Ces grands singes terrestres et omnivores sont assez impressionnants.

La Tanzanie

Le Kilimandjaro, la plus haute montagne du continent, s'élève, imposante, sur l'un des plus fascinants spectacles de l'Afrique : des immenses plaines du Serengeti aux villages masai, de la plus grande réserve animalière du monde aux tombants du N'Gorongoro… La Tanzanie, qui compte 12 parcs nationaux, n'a pas fini d'émerveiller le voyageur.

ARUSHA

4 km	10 min	10 000 TSh / 5,50 €

Rien ne semblait prédestiner Arusha à laisser son nom lié à l'histoire. Rien, jusqu'au 1er mai 1998, quand Jean Kambanda, ex-Premier ministre du Rwanda, plaidait coupable pour génocide face au Tribunal international des Nations unies, installé dans la ville.

Les chemins d'Arusha

Sommeillant entre Kilimandjaro et réserves animalières, Arusha était surtout réputée, dans le monde du voyage, comme base privilégiée des opérateurs de safaris.
Même si, depuis 1978, la cité possède un imposant **centre de conférences,** bâti pour accueillir le siège de la Communauté de l'Afrique de l'Est, elle n'avait jamais su, suite à la faillite de celle-ci, tirer parti des infrastructures. **Les grandes bâtisses de béton gris** s'élevaient sans justification au-dessus des chaussées défoncées, des cahutes de planches, des monuments dérisoires… disproportionnées dans ce très humble environnement. Mais les événements politiques ont bousculé les choses et les récents **accords relançant la coopération** entre la Tanzanie, le Kenya et l'Ouganda, signés le 22 janvier 1999 à Arusha, devraient accélérer le processus de développement de la ville.

Environs d'Arusha

Cependant, en dehors de l'activité diplomatique et juridique, Arusha respire encore l'ennui. La ville possède quelques restaurants sans intérêt et une boîte de nuit, le *Mawingu,* où toute la « société mondaine » se retrouve. Face au vide culturel et artistique que ne compensent pas les quelques centres artisanaux pour touristes, rien n'égale la visite des **fabuleuses réserves animalières voisines :** Manyara, N'Gorongoro, Serengeti… et, plus près, Taranguire et le mythique Kilimandjaro. Mais aussi le parc national d'Arusha.

Parc d'Arusha

A 37 km à l'est d'Arusha. Après 21 km de bonne route, direction Moshi, puis 16 km de piste à gauche, après avoir dépassé Usa River. Ouvert de 6h30 à 18h30. Entrée payante.

Créé en 1960, sous l'appellation Ngurdoto Crater National Park, l'endroit a été rebaptisé Meru Crater National Park, après avoir absorbé **les lacs de Momela,** en 1964, et **le mont Meru,** en 1967. Il porte maintenant le nom d'Arusha National Park.

Ascension du mont Meru

De la savane herbeuse à la forêt pluviale, ce petit parc de 137 km^2 s'échelonne de 1 524 m d'altitude à Monela, jusqu'à 4 572 m en haut du mont Meru. Trois jours sont nécessaires pour atteindre **la crête du volcan,** troisième sommet d'Afrique. L'encadrement par un ranger armé est rendu indispensable par la présence d'animaux tels qu'éléphants, buffles, hyènes, phacochères… L'ascension se fait au départ du Monela Park Headquarter. La première nuit se passe généralement à **Mirakamba Hut** et la seconde à **Saddle Hut.**

Les hauteurs du parc offrent une **vue grandiose sur le Kilimandjaro.** Cette montée constitue un bon entraînement, avant d'affronter les versants de la plus haute montagne d'Afrique. Elle est aussi plus belle et moins courue.

Détour aux petits lacs

Par ailleurs, une cinquantaine de kilomètres de route sinueuse sont praticables pour visi-

Le siège d'une communauté disparue

Initialement destinés à accueillir le siège de la Communauté de l'Afrique de l'Est, les bâtiments de béton gris qui trônent sur Arusha devaient, dès leur achèvement, échoir à la Tanzanie après la rupture de l'association tripartite Tanzanie, Kenya, Ouganda. Si les négociations de paix du Rwanda et du Burundi qui s'y déroulèrent ne réveillèrent que mollement l'activité de la ville, les aveux sans précédent de l'ex-Premier ministre du Rwanda allaient propulser la petite cité au premier rang de l'actualité mondiale, au niveau de celui de La haye, en Europe. Ce tribunal amena 360 personnes des Nations unies à s'installer dans la ville.

Le Kilimandjaro, la plus haute montagne d'Afrique.

ter la partie des petits lacs, que fréquente **une faune avicole abondante**, et la caldeira du **Ngurdoto**, dans laquelle il n'est cependant pas possible de descendre. On pourra certainement discerner, entre les buissons, des zèbres, des girafes, des cobes, des guibs harnachés… Mais le parc est surtout connu pour la présence des singes colobes noir et blanc.

Le singe colobe à longs poils

Présent au cœur du parc d'Arusha et de celui du Kilimandjaro, on le trouve au faîte des arbres, le plus souvent assis, se chauffant au soleil. La meilleure heure pour l'observer est celle de la sieste. Svelte et puissant, il peut atteindre 70 cm de haut et peser jusqu'à 12 kg. Sa longue queue peut dépasser le mètre. Son pelage aux longs poils est noir et blanc. Le colobe vit en groupe d'une dizaine d'individus. Sédentaire, son territoire comporte des arbres dortoirs, et ses déplacements se font souvent selon des itinéraires fixes qui dépassent rarement les 200 m par jour.

KILIMANDJARO

En poursuivant la A23 direction Mombasa, à 90 km de l'aéroport international. Compter au minimum 500 € pour gravir le Kili, guide et droits d'accès au parc inclus. Si elle s'expose plus magnifiquement depuis le Kenya, c'est à la Tanzanie que la plus haute montagne d'Afrique apporte ses bienfaits.

C'est par ses terres agricoles qu'on l'abordera donc. Il fallut attendre 1889 avant qu'un explorateur, **Hans Meyerr**, bravant les légendes, les dangers et les superstitions, ne parvienne jusqu'au sommet.

La montagne s'inscrit au cœur d'un parc national (756 km^2) créé en 1973. Elle comprend trois sections : à l'ouest, **le plateau de Shira** atteint 4 004 m ; à l'est, celui de **Mawenzi** pointe à 5 148 m et, entre les deux, **le pic de Kibo**, qui culmine à 5 895 m.

Ascension du Kilimandjaro

La saison la plus agréable pour effectuer cette ascension va de décembre à mars. Mieux vaut éviter les mois d'avril, mai et juin, souvent pluvieux. Il faut compter 4 à 6 jours pour accéder aux neiges permanentes des forêts pluviales.
Des cinq voies possibles pour gravir la montagne, celle de **Marangu**, à l'est, est la plus fréquentée. De **confortables refuges** la ponctuent. Si aucune disposition particulière, en dehors d'une bonne condition physique, n'est indispensable, l'ascension n'est cependant pas à la portée du premier venu.

Suivez le guide !

De toutes les voies d'accès au Kilimandjaro, Shira, à l'ouest, est la plus originale. Moins courue, on pourrait y rencontrer des élands, des buffles, des éléphants ou quelque léopard, mais plus sûrement d'aimables antilopes forestières.

Etapes

Depuis le poste de **Marangu**, on parvient à **Mandara**, après 9 km de marche à travers la forêt tropicale, par 2 744 m d'altitude, puis, après 12 km, on arrive à **Horombo** (3 719 m) et, enfin, après 13 km d'escalade, apparaît le camp de **Kibo** (4 633 m), dernière étape avant les sommets vertigineux sculptés de glaces éternelles de **Gillman's Point** et **Uhuru Peak**, le point le plus élevé d'Afrique.

TARANGIRE

Situé à 126 km d'Arusha, par 1 100 m d'altitude, le parc est facilement accessible par la route de Dodoma. Ouvert du lever du jour au coucher du soleil. Entrée payante. Conduite hors pistes interdite. Ancien terrain de chasse déclaré parc national en 1970, Tarangire présente, sur 2 600 km², une **diversité végétale étonnante** dont ressortent le baobab, l'arbre à saucisses et l'acacia

Le buffle est l'animal le plus redouté car le plus imprévisible.

tortelis. La rivière, dont il tire son nom, le pénètre par le sud avant de se diviser en deux bras. L'un s'ouvre vers l'est, dans l'infini des **plaines du Nguselerorobi,** tandis que l'autre, creusant sa vallée, va alimenter **le lac Burungi.**

Animaux du parc

A la saison sèche, entre juillet et novembre, des **nappes d'eau** persistent de point en point. Elles attirent un grand nombre d'animaux. On peut observer facilement les impalas, girafes, cobes à croissant, bubales, élands, buffles et éléphants dans un paysage édénique. Ces derniers sont parfois nerveux car, vers l'est, le parc se prolonge par une **réserve de chasse, Lolkisale.**
Il est aussi possible de croiser des **lions** et éventuellement des **rhinocéros** noirs. Quelquefois un léopard. Lors de la période des pluies, entre décembre et mai, **les hippopotames** retrouvent leur place entre les herbes reverdies. Les échassiers sont alors nombreux.

Biotopes

Des circuits tracés entre les collines buissonnantes et les zones marécageuses favorisent la découverte des différents biotopes. Ils ont pour nom **Lemiyon, Matete, Burungi, Kitibong, Gursi, Mkungunero, Nguselerorobi** et **Larmakan.**

Python grimpeur

L'une des attractions majeures de l'endroit est le python grimpeur. Il est possible de le voir glissant dans les branches, à la limite des marais. La présence des **mouches tsé-tsé** peut rendre parfois le séjour pénible.
Bien que leurs piqûres soient sans gravité pour l'homme, elles peuvent être douloureuses. C'est cependant à leur présence que l'on doit la richesse d'animaux sauvages. Les mouches interdisent l'implantation du bétail, sujet à la trypanosomiase.

N'GORONGORO, NOMBRIL DE L'HUMANITÉ

De quelque côté que porte le regard, il se heurte au bleu. Un bleu insondable, pas encore ciel, plus réellement montagne, le bleu incomparable des tombants du N'Gorongoro. Principale destination touristique de Tanzanie, entre Manyara et Serengeti, la caldeira produit le plus fascinant des spectacles sauvages africains.

Lac Manyara

A 115 km d'Arusha, direction Serengeti. Entrée payante. Ouvert du lever du jour au coucher du soleil. Conduite hors pistes interdite.
Situées après **le hameau de Mtowa-mbu,** dit « la rivière aux Moucherons » ou « village des Moustiques », riche en **boutiques d'artisanat,** les portes du Manyara s'ouvrent tout de suite sur le monde secret d'une épaisse forêt.

Trois biotopes

Langue de terre d'une quarantaine de km de long, inscrite entre le tombant du Rift, d'où dévalent les torrents, et les étendues saumâtres du lac, le parc combine trois biotopes distincts.

La première zone, qui s'étend depuis la pointe nord du parc jusqu'à **la rivière Msasa**, est plantée d'une **végétation dense** d'où ressortent de grands arbres, tels que les acajous et les figuiers géants. Ce milieu constitue un bon habitat pour **les buffles bruns** et **les babouins olivacés.**

La deuxième zone, comprise entre **les rivières Msasa et Bagayo**, est essentiellement occupée par des acacias du genre *tortilis*, dits acacias ombrelle. C'est le domaine des **impalas, girafes, zèbres, bubales, céphalophes**... et des **éléphants.**

La dernière zone, s'étendant du lit de la **Bamayo** à la frontière méridionale du parc, présente une **végétation arbustive**, composée de gardénias et d'épines vertes, que dépassent les arbres à saucisses et quelques baobabs. **Les léopards** semblent apprécier le calme relatif qui règne dans cette fraction moins fréquentée du parc, où surgissent les sources chaudes de **Maji Moto**.

Suivez le guide!

Délire de 4,5 millions d'euros réalisé par l'architecte italien Silvio Rech, le *Crater Lodge* s'élève à l'emplacement qu'occupait le tout premier hôtel bâti au N'Gorongoro. L'établissement appartient au groupe *Conservation Corporation Africa*. On peut le visiter. Saisissant!

La lionne sur la branche

La surface, couverte par les eaux, prend plus ou moins d'importance selon l'ampleur des précipitations. Le lac occupe normalement 2/3 des 325 km^2 qu'englobe le parc. Mais il arrive

Les pluies transforment la caldeira du N'Gorongoro en une véritable mer intérieure.

Cratère ou caldeira ?

Le cirque du N'Gorongoro, communément dénommé cratère, est une caldeira, c'est-à-dire une dépression d'origine volcanique causée par l'effondrement de la partie centrale du volcan. Celle du N'Gorongoro a pu s'être formée, voilà 2,5 millions d'années, par l'affaissement d'un cône immense. Elle passe, avec presque 20 km de diamètre, pour être la plus grande et la plus belle du monde. Le cratère s'inscrit dans les 8300 km^2 du N'Gorongoro Conservation Area, créé en 1959, pour permettre aux Masai de cohabiter avec la faune sauvage. Il occupe 3 % de la superficie de cette zone. Le restant est composé, d'une part, de collines et de forêts et, d'autre part, de plaines et de bush.

que, suite à des **pluies diluviennes**, comme celles tombées en 1998, les eaux empiètent sur les terres jusqu'à les réduire sensiblement, forçant les herbivores à cohabiter sur un territoire large de quelques km et poussant les lions à grimper aux arbres. L'image singulière montrant une lionne dormant, étendue sur une forte branche d'acacia, est devenue emblématique du Manyara. Cependant, on ne peut la voir que fort occasionnellement.

Mare aux hippopotames

Aux limites d'une clairière fréquentée par les herbivores, cette mare dispense un spectacle moins aléatoire et plus réjouissant. Il est possible, à cet endroit, de quitter son véhicule. Séjour permanent des hippopotames, elle permet aussi d'observer bon nombre des **380 espèces d'oiseaux** qui fréquentent le parc : aigrettes, ibis, hérons, pintades, jacanas grèbes, cormorans, pélicans, toucans, aigles... sont souvent au rendez-vous. **Les flamants roses** préfèrent, pour leur part, les eaux basses et saumâtres du lac. Mais on ne peut normalement pas y accéder.

Point de vue

Tout de suite à gauche, après la sortie du parc, une méchante route sinueuse part à l'assaut de **l'escarpement du Rift**, 500 m de dénivelé, pour accéder à une vue générale sur le

Manyara et, au-delà, sur les terres de culture qui l'entourent. Vertigineusement perché à la lisière de la falaise, l'hôtel *TAHI Lake Manyara* offre le meilleur point de vue sur le paysage. Une vision presque aérienne !

N'GORONGORO CONSERVATION AREA

A 470 km de Nairobi, 183 km d'Arusha et 60 km du lac Manyara. Accessible uniquement par 4x4, du lever du jour au coucher du soleil, soit entre 6 h et 19 h. Entrée payante. Conduite hors pistes interdite. Initialement incorporée au parc national du Serengeti, dès sa création, en 1951, la région du N'Gorongoro en fut soustraite en 1959, suite au conflit latent opposant les autorités du parc aux résidents masai. Elle jouit désormais, sous la dénomination de **N'Gorongoro Conservation Area (NCA),** d'un statut particulier qui permet la cohabitation de **la faune sauvage et de l'élevage pastoral.**

Des sommets et des cratères

La NCA couvre 8288 km^2. Elle englobe une chaîne de sommets dépassant les 3000 m, qui inclut **le Lemagrut, l'Oldeani** et **le Lolmalasin,** ainsi qu'une série de cratères tels que **l'Empakaai, l'Olmoti** et le plus connu de tous, **le N'Gorongoro** lui-même. La célèbre caldeira abrite, dans une rare variété de paysages, une richesse faunique exceptionnelle. Classée au patrimoine mondial par l'Unesco depuis 1978, la NCA ne peut que ravir les amoureux de la nature. Mais un safari peut y prendre aussi des allures inattendues de pèlerinage… aux sources de l'humanité.

A la conquête de la caldeira N'Gorongoro

Depuis le poste de **Lodoare,** où s'effectuent les formalités d'entrée, la route s'élève jusqu'aux lèvres du cratère, à travers une **forêt primaire** d'arbres fantomatiques où l'on peut reconnaître certains types d'acacias, de ficus,

La saison des pluies est celle des naissances. Ici jeune bubale de Coke.

Excès de vaches

Même sédentarisés, les guerriers-nomades masai ont gardé un sens prononcé de l'honneur, voire de l'arrogance. Cela a engendré de graves problèmes avec les touristes. Les prendre en photo est désormais strictement interdit. Certains Masai cherchent pourtant à se faire photographier... contre des billets, verts de préférence. Quelques villages, proches du cratère, mettent la barre à 100 $ US le minibus pour pénétrer dans leur enceinte. Le pactole ainsi récolté est rapidement converti en vaches. On peut, dès le petit matin, voir les pasteurs pousser devant eux, par le cratère, d'infinis chapelets de bétail, jusqu'aux marais de Munge ou de Mandusi. L'accroissement du cheptel masai crée un réel problème de compétition avec le monde sauvage pour l'accès à l'eau.

de crotons et d'albizzias, flanqués de barbes de lichen et de plantes épiphytes. A l'issue de la montée, **la vue sur la cuvette du N'Gorongoro** est grandiose. Elle s'offre dans toute son ampleur depuis **Heroes Point**, où un **petit monument** en forme de rhinocéros rappelle à la mémoire du voyageur ceux qui tombèrent au service de la protection de l'environnement.

Tombes des Grzimek

La caldeira est un univers en soi. Théâtre de toutes les scènes de la vie sauvage, elle présente une **grande diversité de milieux.** Lacs, marécages, ruisseaux, bois, forêts, savanes, salines, prairies... produisent, selon les saisons ou le passage des nuages, des aspects toujours différents. En poursuivant la route vers l'ouest, il est d'usage de saluer les tombes de Bernhard et Michael Grzimek, **célèbres éthologues** qui consacrèrent leurs vies à la sauvegarde du N'Gorongoro.

Chemins du cratère

Depuis les hauteurs, où se trouvent les hôtels, trois voies s'aventurent au creux du cratère, **trois étroits chemins** de terre ravinés par les pluies, qui dévalent en lacets spectaculaires les flancs du bassin volcanique. Celle de **Seneto,** à l'ouest, est consacrée à la descente, celle de **Lerai,** au sud, est réservée à la montée et celle de **Lemala,** à l'est, est indifféremment utilisée dans les deux sens.

Masai

La plupart des établissements hôteliers se situent dans le quart sud-ouest du cratère, vers le terrain d'atterrissage et le village administratif. Avant de plonger dans l'univers animalier, la piste Seneto traverse une **zone d'élevage,** où les pasteurs masai, élégamment vêtus de toges rouge vif, les *shukas,* et appuyés à des casse-tête, regardent paître les troupeaux et défiler les visiteurs.

Il n'y a pas si longtemps, les Masai du N'Gorongoro affrontaient les lions à l'arme blanche.

Descente du cratère

De boucle en boucle, sur 600 m de dénivelé, la route offre, entre les cactus bussei et les euphorbes candélabres, des **points de vue spectaculaires** sur les biotopes microcosmiques que présente le cratère. Depuis les hauteurs, on repère déjà les taches sombres des **grands troupeaux.** Chaque virage nous rapproche des zèbres, buffles, éléphants, gnous, gazelles... C'est un peu comme s'ils nous invitaient à partager le quotidien de leur domaine : une immense arche en marge du monde, une planète intacte, sertie de brumes et de nuages, incrustée de plantes et de minéraux, dont la vedette est **le rhinocéros noir.**

Cirque du N'Gorongoro

Il s'étend sur une vingtaine de km de diamètre et compte environ 25 000 grands mammifères.

Contrairement aux apparences, les animaux sont libres d'entrer et de sortir du cratère. Ils le font par le nord-ouest de la cuvette, où les contreforts sont moins abrupts.

Locataires du cratère

Cependant, beaucoup ont élu résidence au sein du cratère, où **l'eau est permanente.** Il n'est pas rare que, dans les tout premiers mois de l'année, une fraction de la grande migration s'y établisse.

On voit alors de **longues files d'herbivores** parcourir inlassablement les rives salées du **lac Makat.**

On pourrait dénombrer à cette période jusqu'à 15 000 gnous, 5 000 zèbres et autant de buffles. Observée depuis les hauteurs du cratère, l'étendue saumâtre apparaît, plus encore durant l'hiver austral, comme une immense flaque blanche à l'aspect continuellement changeant. Elle sert d'habitat aux colonies de **flamants roses.**

Un million de flamants nains peuvent retourner 15 000 tonnes de terre en une saison de reproduction!

Les singes vervets rodent autour des lodges. Ils sont aussi familiers que facétieux.

Lerai

Au sud du lac se trouve cet îlot forestier, merveilleux bouquet d'acacias *xanthophloea* à l'écorce jaune – dits « arbres à fièvre » – qui abrite des **éléphants**, des **guibs**, des **cobes à croissant**, des **singes vervets** et quelques léopards territoriaux. C'est le meilleur endroit pour y voir la tombée du jour. Il procure généralement l'occasion d'apercevoir un rhinocéros déboucher des savanes. Les herbacées sont le milieu favori des **gazelles**, **buffles**, **élands**, **kongonis** et aussi des **lions.** Ils sont une soixantaine à se répartir le territoire. De nombreuses **hyènes tachetées** fréquentent également le site. On peut les croiser partout, y compris en plein jour.

Lacs et marécages

Le cratère comprend aussi quelques marécages et lacs. Ils sont alimentés par les nombreux cours d'eau, qui dévalent des falaises méridionales par 2 300 m d'altitude, où s'effilochent les nuages.

Les marais de Mandusi hébergent une **troupe d'hippopotames.** Ils sont plus d'une centaine à la saison sèche.

Ceux de **Gorigor** attirent les oiseaux, dont le jabiru, l'ibis de Tantale, la cigogne épiscopale…

Les sources du **Ngoitokitok** sont le lieu de rendez-vous classique que se donnent les guides à l'heure du déjeuner. Le lieu est encombré, bruyant et hanté de buses, qui ont pris l'habitude de dérober la nourriture des pique-niqueurs, jusque dans leur main. Mais c'est le seul endroit où l'on puisse quitter son véhicule. Cela est interdit partout ailleurs si ce n'est aussi au point de vue d'Engitati.

Engitati

Il constitue aussi le Q.G. des **observateurs masai.** Vêtus de longs manteaux et de bérets verts, les anciens nomades se sont transformés en agents de sécurité, qui surveillent avec zèle le bon comportement des visiteurs au sein du parc. Il est vrai que le cratère est devenu si fréquenté, que certains groupes de pression ont proposé d'en contrôler l'accès selon des critères financiers.

Sommets vierges et villages masai

Depuis les lèvres du N'Gorongoro, on aperçoit d'autres lignes montagneuses. Celles des sommets de **Lolmalasin**, d'**Oldeani**, d'**Oldoinyo Lengai**, de **Lemagrut** et des cratères d'**Olmoti** et d'**Empakaai.** Ils constituent un domaine **réservé aux aventuriers.** Paysages magnifiques et vierges, mais où la faune est plus rare. La route qui se poursuit vers l'ouest conduit au parc national du Serengeti. Elle est jalonnée de **villages masai,** formés de cases rondes de branchages et de pisé. Il est possible de les visiter.

Laetolil

C'est ici, entre les immenses plaines du Serengeti et la grande dépression du Rift, que, voilà 3,7 millions d'années, notre ancêtre eut la bonne idée d'adopter **la posture verticale,** pour se distinguer de l'invraisemblable foisonnement animal que l'Afrique comptait alors. Ses **empreintes,** inscrites dans une dalle volcanique sur les contreforts du cratère, attestent notre origine africaine commune.

Le rhinocéros blanc

Le rhinocéros dit blanc, *Ceratotherium simum,* n'est pas plus blanc que le rhinocéros noir, *Diceros bicornis,* n'est noir. L'un comme l'autre exhibent la couleur de la terre sur laquelle ils vivent. Leur dénomination provient d'une erreur de traduction du mot hollandais *weit,* qui signifie large, en *white,* qui veut dire blanc en anglais. Le rhinocéros noir est plus petit que le blanc. Son poids peut atteindre 1 300 kg tandis que le blanc pèse, en moyenne, 2 700 kg. Mais son comportement est plus agressif. Le rhinocéros noir se nourrit principalement de feuilles et de branchages tandis que le blanc se limite à l'herbe. La poudre de corne de rhinocéros dépassait les 38 000 € le kg à Taïwan en 1990 ! La survie des rhinocéros est d'autant plus problématique que la femelle ne donne naissance qu'à un seul petit, après, en moyenne, seize mois de gestation.

A la période sèche, les eaux du lac Makat, au cœur du N'Gorongoro, font place à une esplanade de sel.

Les gorges d'Olduvai, berceau de l'humanité.

S'appelait-il *Anamensis, Afarensis, Boisei* ou encore *Habilis*, ce vieux frère simiesque qui parcourait les savanes prospères du paradis terrestre mais ne s'interdisait pas encore de grimper aux arbres ? Les scientifiques hésitent encore à le dire. En paléoanthropologie, la certitude n'est jamais acquise !

Fouilles d'Olduvai

Ouverture aléatoire. Entrée payante.
Elles se situent dans le prolongement de Laetolil, à quelques kilomètres du cratère du N'Gorongoro, en direction du Serengeti. Depuis le début du siècle, **les squelettes fossilisés** d'hominidés et d'animaux sont patiemment arrachés à la terre. Dressé sur les hauteurs du lit archéologique, un pitoyable **musée de paléontologie** exhibe les ossements poussiéreux d'une faune étonnante, qui a accompagné notre évolution. On y retrouve la trace de **girafes cornues**, de **sangliers géants**, de **chevaux tridigitaux…** prototypes d'un règne animal éteint. C'est dans ce gisement qu'a été retrouvé **le plus ancien fossile** réellement humain connu aujourd'hui, celui d'*Homo habilis*.

Le rhinocéros noir

Il est possible de l'observer au petit matin ou en fin d'après-midi, chevauché par les aigrettes blanches et les buphages, fendre les herbes au hasard, entre Gorigor et Mandusi Swamp. Réduit à quelques unités à la fin des années 1980, alors qu'il dépassait la centaine au début des années 1960, leur nombre est aujourd'hui de 19, après l'introduction d'une mère et son petit venant du parc d'Addo, en Afrique du Sud. Le rhinocéros fait désormais l'objet d'une protection vigilante. Bien que la charge de l'animal ne soit généralement qu'une intimidation, les chauffeurs de safaris s'en méfient cependant.

SERENGETI, LA PLAINE ILLIMITÉE

A 335 km d'Arusha. Entrée payante. Ouvert du lever du jour au coucher du soleil. Conduite hors pistes interdite, sauf dans certains secteurs. Avec les aires de chasse qui le jouxtent, le parc (14 763 km^2) forme un **écosystème homogène** aux dimensions de la Belgique. Serengeti vient du mot masai *siringet*, qui pourrait se traduire par « plaine illimitée ». Et c'est la première impression qu'il produit, lorsque, venant des gorges d'Olduvai, son étendue infinie s'offre soudainement au regard, depuis les hauteurs d'**Olbalbal.**

A perte de vue

Magnifique mais, pourtant, trompeuse appréciation, car les 2/3 du parc sont couverts de **bosquets** et de **forêts.** Cependant, l'image caractéristique de celui-ci reste attachée à cette étendue qui file, à perte de vue, vers l'horizon bleu, seulement troublée de-ci de-là par des amoncellements de **rochers granitiques aux formes rondes**, les *kopjes* (prononcer copies).

La Grande Migration

C'est dans ces plaines, alentour de **la porte de Naabi Hill** et du lac **Ndutu**, que se met en place le plus imposant des spectacles animaliers : la Grande Migration. Elle réunit environ 1,8 million d'animaux, dont 1,3 million de **gnous**, 280 000 **zèbres** et aussi des **gazelles**, des **élands**, des **topis**, des **girafes.**

La richesse des kopjes

Amas caractéristiques de blocs de granite polis par le temps, les *kopjes* apparaissent comme des îlots flottants, surréalistes, sur un océan d'herbes. Plantés d'acacias, d'aloès, d'hibiscus… ils fournissent des cachettes aux animaux. On y trouve des familles de damans de roches, en latin *Procavia capensis.* Ce curieux petit ongulé de la taille d'un lapin possède, malgré les apparences, des caractéristiques communes avec l'éléphant. Des fossiles de damans gros comme des bœufs ont d'ailleurs été retrouvés. On rencontre aussi des colonies de mangoustes et de petites antilopes, comme les dik-diks et les oréotragues. Avec un peu de chance on y découvrira un cobra, un guépard ou encore un léopard. Certains hôtels, comme le *Lobo Lodge*, ont avantageusement tiré parti des *kopjes*, en y incrustant habilement leurs murs.

Les gnous forment la majorité du cortège migratoire.

Suivez le guide!

Juste avant d'arriver à la porte de Naabi Hill, une piste sur la droite bifurque en direction des Gol Kopjes, lieu féerique où vivent plusieurs familles de guépards. Une dérogation, assortie d'une taxe spécifique, peut être obtenue auprès du centre d'accueil pour accéder à cet endroit.

Les animaux commencent leur marche **dès le début de la saison sèche**, au mois de mai ou juin. Les naissances ont eu lieu durant février et mars. Ils quittent la partie sud du parc pour se diriger vers **les collines de Masabi**, au nord-ouest, où ils se retrouvent courant juin ou juillet. Certains animaux poursuivent parfois leur route migratoire jusqu'aux eaux du **lac Victoria.** Selon l'ampleur de la sécheresse, on les verra ensuite dans les plaines du Masai Mara, au Kenya, d'août à octobre.

Franchir la Gruméti et la Mara

Mais il aura d'abord fallu qu'ils franchissent les eaux brunes et tumultueuses de **la Gru-**

méti et celles de **la Mara** où, composant avec les hippopotames, de monstrueux crocodiles menacent les plus jeunes animaux. Le passage des rivières, toujours spectaculaire et souvent dramatique, attire de nombreux observateurs.

Retour

Les animaux retournent dans leur sud natal pour la saison des pluies, vers décembre. Ils s'attardent, entre-temps, vers **Lobo** puis **Seronéra.** Ils auront effectué une boucle de 800 à 1 000 km en un peu plus de six mois, laissant derrière eux une savane désolée. Environ 20 % des jeunes auront survécu au voyage...

Divergences

Les Tanzaniens ont pris la fâcheuse habitude de mettre le feu aux herbes rousses, dès le début de la saison sèche, pour favoriser le développement de pousses vertes. Cette pratique, qui détruit la beauté des paysages, tue aussi bon nombre d'animaux. Elle est sévèrement critiquée par les Kenyans, qui accusent leur voisin de vouloir entraver la progression de la Grande Migration vers leur pays.

Bologonja, observation aérienne

Depuis le Serengeti, il est parfois possible de se rendre pour la journée à **Keekerok,** au Masai Mara, bien que le poste frontière

La plus grande réserve du monde

Dans le cadre de sa politique de développement, le gouvernement tanzanien a limité le nombre d'implantations hôtelières dans le nord du pays, au profit des réserves animalières du sud et, notamment, celle de Selou. Vaste de 54600 km^2, celle-ci passe pour être la plus grande du monde. Moins fréquentée que celles du N'Gorongoro et du Serengeti, elle est demeurée intacte. On y rencontre d'importantes concentrations de buffles, d'éléphants, d'antilopes, de lions... Elle est fendue par le lit de la Rififi et de son affluent la Great Ruoha qui, durant la période de pluies, peuvent déborder en de catastrophiques inondations. On y visitera les gorges de Streglers, du nom de l'explorateur allemand qui les découvrit avant d'être tué par un éléphant, en 1907.

Chaque année, la migration des zèbres redonne vie aux plaines du Seregenti.

de **Bologonja** soit toujours officiellement fermé. Durant tout le cycle migratoire, on aura vu se former dans un ordre parfait, comme secret, des **colonnes atteignant parfois 40 km de long.** Il est difficile, depuis la terre, de réaliser le gigantisme du phénomène. Des **vols en montgolfière,** organisés depuis Seronera, permettent de survoler la beauté matinale des savanes. Mais le spectacle animalier qu'ils procurent reste aléatoire. Nombreuse ici aujourd'hui, la faune peut être complètement absente demain.

Seronera et Lobo

Le Serengeti est également réputé pour la présence de nombreux **prédateurs.** On compte plus d'un millier de **lions**, environ 500 **guépards**, 4000 **hyènes** et quelques dizaines de **léopards.** La région de Seronera, au cœur même du parc, et celle de Lobo, excentrée au nord-est, sont particulièrement intéressantes pour l'observation des grands fauves, même hors de l'époque de la migration. Des **familles nombreuses de lions,** pouvant compter jusqu'à 20 individus et plus, n'y sont pas rares.
Les cours d'eau qui serpentent dans le Seronera ont favorisé la croissance de **grands arbres.** Leurs hautes branches constituent le refuge privilégié du **léopard.** C'est donc, de préférence, en levant le nez vers les alignements forestiers que l'on visitera l'endroit.

Lobo, intact

Moins fréquentée, la région de Lobo n'en est que plus intéressante. Ses **paysages accidentés,** semés de roches et de bosquets, procurent une agréable sensation de variété, aux confins des immenses savanes arbustives. C'est l'un des endroits les plus attachants du parc, de ceux-ci où le monde semble plus sauvage et intact et on peut y voir des **éléphants.** A 300 km de là, en suivant le cours de **la rivière Grumeti**, le parc butte au lac Victoria.

Entre N'Gorongoro et Serengeti, il n'est pas rare de croiser d'importants groupes de girafes.

LAC VICTORIA

Au-delà des plaines de Ruana se trouvent les rives du lac Victoria. La ville principale est **Mwanza.** On y accède par avion ou bien par la porte de **Ndabaka,** à l'ouest du Serengeti.

Mwanza

La capitale du **pays sukuma** offre peu de curiosités, outre, à une quinzaine de kilomètres sur la route de **Musoma,** un **petit musée** présentant des objets de la vie quotidienne des **Wasukuma.**

Parc national de Rubondo Island

Vers l'ouest, à 280 km de route, se trouve ce parc presque ignoré, auquel on accède en deux heures de bateau depuis **Nkome.** Créé en 1977 pour protéger la végétation marécageuse et forestière, il couvre 240 km^2 et est entouré d'une **douzaine d'îlots.** L'intérêt majeur du parc est la présence, à l'abri des prédateurs, des rares **antilopes amphibies** sitatunga ou guib d'eau, en latin *Tragelaphus spekei gratus.* On y trouve aussi des chimpanzés, girafes, rhinocéros noirs et éléphants. La visite de la réserve se fait à pied. Camping obligatoire !

LITTORAL

Des 800 km de côte que possède le pays, seulement quelques dizaines sont accessibles depuis l'intérieur. Elles se situent essentiellement entre **Dar es-Salaam** et **Bagamoyo.** Mais, si on y trouve quelques belles plages, les plus attirantes se situent de l'autre côté du canal océanique, sur l'archipel de **Zanzibar.**

Dar es-Salaam

13 km	15 min	35 000 TSh / 20,50 €

A 650 km d'Arusha par une bonne route ou par avion.

Bien que dépossédée de son statut de capitale administrative, au profit de **Dodoma,** Dar es-Salaam impose encore son **autorité économique et politique** sur le pays, comme elle l'a fait sans relâche depuis 1891, lorsque les Allemands l'élurent capitale de la Deutsch-Ostafrika. Son havre naturel en eaux profondes, pouvant accueillir la marine à vapeur germanique, joua alors en sa faveur contre le port de Bagamoyo, préféré des Arabes. De la domination anglaise, sous laquelle elle se retrouva à la suite de la Première Guerre mondiale, à l'ouverture libérale de ces dernières années, la cité n'a cessé de grossir. Elle comprend maintenant environ **3 millions d'habitants.**

Les deux faces de la ville

Ni suffisamment ancienne, ni résolument moderne, la ville semble se chercher une âme entre ses ruelles populaires, telles celles de **Mkunguni** et

Zèbres et gnous traversent les plaines à vive allure pour échapper aux prédateurs.

Tandamuti, où se situe le marché coloré de **Kariakoo**, et ses larges avenues pointées sur l'océan, où siègent les ambassades. Mais, si ce n'est quelques monuments commémorant une guerre ou une occupation, la cité a fort peu pour retenir le voyageur. La ville est comme morte les dimanches. **Les jardins botaniques** et le musée ethnologique voisins représentent les principaux attraits touristiques de la ville.

Musée national

Avenue Shaaban Robert. Ouvert de 9h30 à 18 h. Entrée payante.

Les murs du Musée national ethnologique enferment, outre une belle collection archéologique, **le crâne fossilisé de Zinjanthropus** ou *Homo habilis* – dit familièrement « Casse-noix » du fait de sa puissante mâchoire –, découvert sur le site d'Olduvai, sur les contreforts du N'Gorongoro. D'autres salles sont consacrées aux époques coloniales arabe, allemande et anglaise. On y trouve, entre autres, des documents relatifs à la Première Guerre mondiale, une Rolls Royce ayant appartenu au gouvernement de Grande-Bretagne, une série de photos retraçant le commerce des Noirs, une collection de squelettes de mammifères marins.

Suivez le guide!

Savez-vous pourquoi les zèbres et les gnous cohabitent sans problème? Les gnous mangent une herbe qui s'appelle l'*andropogon*, connue comme *l'herbe à gnous*. Les gnous commencent à manger cette herbe, puis les zèbres les suivent. Il n'y a donc pas de concurrence entre eux.

Village Museum

New Bagamoyo Rd, au virage du Tanseco Headquaters. Ouvert de 9h30 à 19 h. Entrée et prises de vue payantes.

Situé à 3 km de la ville, le Village Museum présente les différents **types d'habitation** que l'on trouve en Tanzanie. Des **danses traditionnelles** s'y donnent chaque week-end.

Art populaire

Les amateurs d'art populaire trouveront des *makonde,* **bois d'ébène sculptés,** au centre artistique situé à la jonction des **rues Ali Mwinyi et Ohio,** ainsi que face à l'hôtel *Palm Beach,* au nord de la ville, ou encore sur le marché de **Mwenge.**

Vers Bagamoyo

Accès aisé par la route depuis Dar es-Salaam.

Suivant l'avenue Ali Mwinyi vers le nord, la route pour le Village Museum longe **le parcours de golf** *intra muros* du *Gymkhana Club,* puis emprunte le pont de Selander pour traverser, enfin, le quartier résidentiel d'**Oyster Bay.** Une coopérative de **peintres tingatinga** – du nom de l'artiste qui créa le mouvement –, expose des **œuvres colorées** exprimant une vision naïve du monde animal.

Parlons de plages !

Oyster Bay est aussi la plage la plus proche de la ville, alors que la plupart des hôtels balnéaires se situent un peu plus loin, à partir du km 25, sur **Kunduchi, Rungwe, Bahari...**

Malheureusement, le charme des baignades peut être altéré par l'omniprésence d'algues. Et les massifs coralliens pâtissent de la pêche à la dynamite... Mais les établissements hôteliers proposent des traversées sur des **îlots voisins,** encore intacts, tels que **Mbudya.**

Attention : il est préférable de ne pas s'éloigner seul des hôtels car les agressions ne sont pas rares.

Bagamoyo

Accès aisé par la route, après 75 km depuis Dar es-Salaam.

Durant de longues années, la ville fut le point de transit pour des centaines de milliers d'esclaves entre la région des Grands Lacs et l'île de Zanzibar, avant de devenir, grâce à une lignée de missionnaires romantiques, dont Livingstone fut le plus ardent représentant, le centre de lutte contre **la traite des Noirs.** Seules quelques bâtisses décrépies sur le front de mer évoquent encore cette période sinistrement prospère. Détrônée par Dar es-Salaam, l'ancienne capitale omane a oublié ses fastes musulmans et ses douleurs nègres. Seul le petit musée de **la mission catholique** *(ouvert tlj de 10 h à 16 h, samedi et dimanche jusqu'à 13 h. Entrée payante),* au nord de la ville, en évoque les poignants souvenirs. Là encore, une grande vigilance est conseillée dans tout déplacement individuel.

Zanzibar

A 40 km environ à l'est des côtes du Tanganyika, avec lequel il forme, depuis 1964, la république de Tanzanie, Zanzibar n'est pas île, mais archipel. Il se compose d'un fretin d'îlots et de bancs de sable, d'où émergent deux grandes terres. Au nord, la sauvage Pemba, au sud, la touristique Unguja.

UNGUJA

6 km | **10 min** | **10000 TSh / 6 € env.**

Accès par voie maritime ou aérienne depuis Dar es-Salaam. Aux parfums d'épices, visions de palais et rêves de plaisirs qui viennent immédiatement frapper l'esprit dès l'évocation de son nom, Zanzibar répond par des images d'holocauste, de guerre et de ruine… Tyrannisée par les Portugais, exploitée par les Arabes, bombardée par les Britanniques, dévastée par les Africains… l'île d'Unguja se remet difficilement des uppercuts que lui a infligés l'histoire.

Un passé effacé

Etendues immaculées de **sable corallien**, encore constellées de coquillages que personne n'a eu l'idée de ramasser; **petits villages de pêcheurs**, dont les maisons chaulées ressortent comme des berceaux blancs entre les cocotiers; voiles triangulaires des **pirogues à balancier** *(ngalawas)*, glissant sur les lagons bleu outremer, groupes de **femmes voilées** de *kangas* multicolores, qui sèment les routes de rires retentissants, les plantations de girofliers, les palmiers raphias, les eucalyptus, les manguiers… Il est difficile d'imaginer, en voyant tout cela, qu'entre sultans et dictateurs l'île ait pu être le théâtre de tant de drames : du commerce de l'ivoire à la traite des esclaves, en passant par le massacre des Arabes.

La cité de pierre dressée face au continent africain, à la pointe de la ville, témoigne encore de ce douloureux passé. **Maisons et palais** sont

L'humidité et le salpêtre apportent à la vieille ville un charme suranné et touchant.

maintenant curiosités touristiques, parfois hôtels, lorsqu'ils n'ont pas été dévorés par le salpêtre.

Dans la ville de corail

Les musées sont généralement ouverts de 9 h à 18 h en semaine et de 9 h à 15 h les dimanches et jours fériés. Les entrées sont payantes.

Visiter au hasard cet **entrelacs de venelles, de cours, de placettes, de corridors**… d'où ressortent, par-dessus les toitures et les terrasses, une flèche catholique ou un minaret musulman, peut se vivre comme une aventure. Celle, peut-être, qu'aurait aimé connaître Rimbaud. Chaque maison offre un balcon, une tourelle, un pan de corail, une boiserie ouvragée datés du XIXe siècle, qui forcent d'autant plus l'imagination que **le sel et l'humidité** y ont inscrit leur marque romanesque.

Portails sculptés

Mais ce sont certainement les portails sculptés de **style indien** qui, de prime abord, retiendront davantage l'intérêt.

Eléments essentiels au charme de la vieille cité, ils disent **le statut social** de ceux qui les ont élevés. Leurs battants enluminés, flanqués de gros clous de bronze et des lourdes ferrures, s'ouvrent maintenant sur des intérieurs

Une île cosmopolite

Les Assyriens auraient accosté à Zanzibar, à la suite des Sumériens, environ 2750 ans avant l'ère chrétienne. Les îles auraient ensuite été tour à tour visitées par des navigateurs égyptiens, phéniciens, perses, chinois puis portugais. Les Allemands, Français, Belges et Anglais arrivèrent plus tardivement. Les liens de l'archipel avec le monde arabe semblent avoir existé depuis des temps très anciens. La ville connut un développement majeur sous le règne du sultan Seyyid Saïd, qui, en 1832, en fit la capitale omane. Celui-ci développa l'économie de l'île en privilégiant la culture du giroflier mais aussi en encourageant l'importation d'esclaves, essentiellement congolais et ougandais.

Le marché noir

Si l'esclavage existait en Afrique avant l'arrivée des Arabes, ceux-ci lui ont donné une ampleur inconnue. Amorcé voilà un millier d'années pour alimenter les marchés perses, indiens, mésopotamiens et arabes, le commerce des esclaves a vu son apogée vers le milieu du XIXe siècle. Les déportations massives et régulières de Noirs vers Zanzibar, *via* Bunyoro, furent courantes. On peut considérer que 30000 à 50000 individus échouèrent chaque année, à cette époque, sur la place du marché aux esclaves où s'élève maintenant la cathédrale *Church of Christ*. Le plus actif de ces négriers fut Hemedi bin Muhammad el Marjebi, surnommé Tippu Tip. On peut encore voir sa maison sur Suicide Alley. Combattue par les Britanniques, la traite des Noirs devait cesser en 1873.

moins admirables, mais leurs motifs, chargés de symboles, témoignent encore de l'époque prospère où Zanzibar rayonnait sur l'océan Indien. On prendra toutefois soin de ne pas manquer, sur Niumba Yamoto, **la maison des Merveilles** *(Beit-el-Ajaib)*, remarquable bâtiment de trois étages aux larges balcons soutenus par d'élégantes colonnes.

Parcours dans la ville

Un petit saut dans **la Maison du Peuple**, *Beit-al-Sahel*, abritant un musée qui évoque, sur trois niveaux, la vie sous le sultanat d'Oman, entre 1828 et 1964.

Un regard sur l'imposant fort, dit **Arab Fort** bien qu'élevé par les Portugais, pratiquement vide mais flanqué sur sa droite de boutiques de batiks.

Un coup d'œil à **la cathédrale anglicane** ou *Church of Christ*, bâtie de marbre et de calcaire par la *United Mission to Central Africa*, sur l'emplacement du dernier marché aux esclaves.

Presque un jeu : pour visiter **les bains persans**, aujourd'hui désaffectés, trouvez le gardien, dans les échoppes alentour…

Un **étonnant musée national** où l'on retrouve, mêlés, des manuscrits de Livingstone, la dépouille du léopard de Zanzibar, une chaise à porteurs coloniale, une communication sur la culture du clou de girofle…

Pour finir la balade, allez à **l'Emerson's House**, transformée en hôtel de charme, où il est de bon ton de venir prendre un *drink* au soleil couchant. De sa terrasse, la vue porte loin, au-delà de **Creek Road**, où s'arrête la vieille ville.

Suivez le guide !

Des excursions d'une journée sont proposées à partir du port de Stone Town pour visiter les petites îles coralliennes proches dont Changuu, connue pour la prison privée qu'y avait fait construire un riche marchand arabe.

Hors la vieille ville

Quelques ruines nostalgiques éparses méritent une visite, comme **le harem du Maruhubi Palace**, au nord de la ville, et l'ancien collège de **Mbweni**, vers l'aéroport. Dessinée par Edward Steere, architecte de la cathédrale anglicane, la construction servit d'école aux enfants d'esclaves, sous le nom de *Ste Mary's School for Girls*, à partir de 1874. L'établissement devint couvent jusqu'en 1920, lorsque la *Bank of India* en racheta les murs. L'endroit fut laissé à l'abandon à partir de 1939.

Des plages idylliques

De 86 km de long par 38 de large, l'île se présente comme une plateforme verte de palmiers, bordée de bancs de sable corallien. Le tourisme a désormais investi toute l'île et le nombre de visiteurs ne cesse d'augmenter. De quelques milliers d'individus en 1990, il atteignait près de 87 000 touristes en 1998. Des clubs de vacances, essentiellement fréquentés par une clientèle latine, se sont implantés par dizaines sur les plus belles plages en modifiant l'âme d'une île qui, voilà 20 ans encore, vivait repliée dans le paupérisme.
Depuis Zanzibar, en circulant dans le sens des aiguilles d'une montre sur la route qui borde le littoral, on rencontrera, sur la côte est, les plages de **Fuji** et **Mangapwani** ; au nord, celle de **Ras Nungwi** et, à l'ouest, les très belles étendues blondes de **Muyini**, **Matemwe**, **Kiwengwa**, **Ras Michamvi** et **Jambiani** ; au sud, on trouvera celle de **Kizimkazi**.

Ile de Mnemba

Au nord-est d'**Unguja**, la petite Mnemba est un véritable paradis tropical où l'on peut observer de nombreux **oiseaux**, des **tortues**

Le tour aux épices

Tout le monde le connaît sur l'île. L'Indien Mitu est l'inventeur du *spice tour*, une idée simple qui a fait sa renommée et sa fortune. Son amour pour la nature l'amena, voilà une quarantaine d'années, à faire découvrir au voyageur, alors rare, non seulement les sites historiques, mais tous les fruits et les épices que possède l'île. Aujourd'hui, le *spice tour* est devenu le classique touristique de Zanzibar. On pourra sentir la cardamome, le cinnamome, la vanille, la coriandre, le clou de girofle… tout comme goûter à la carambole, au corossol, au jaque, au rambutan, à la goyave, et à bien d'autres…

Sur la côte ouest, à Mbweni, la fabrication des barques traditionnelles se poursuit.

Zanzibar possède de magnifiques plages encore à découvrir.

Suivez le guide! L'archipel de Zanzibar est aussi un paradis pour les plongeurs, découvrez ses fonds marins!

marines et tout un monde de **poissons** coralliens. Il est possible d'y apercevoir **le requin baleine** de décembre à mars.

Ile de Pemba

Compter une demi-journée de bateau ou quelques minutes par avion depuis Unguja.

Petite sœur malheureuse d'Unguja, Pemba vit encore à l'écart du monde. Persécutée sous Karume, abandonnée par le continent et ignorée du tourisme, elle vit de la pêche et de la culture du giroflier, dont elle possède près de 3,5 millions de pieds. Si ses villes sont dénuées d'intérêt historique, sa nature est en revanche splendide : cultures, forêts, mangrove et plages désertes. Son récif corallien fait d'elle un haut lieu de **la plongée sous-marine**, dont une grande partie reste à découvrir.

Ile de Mafia

Au large de l'impressionnant estuaire de la rivière Rififi, qui s'échappe de la réserve de Selous pour fondre dans l'océan Indien, l'île de Mafia possède tous les attraits propres à satisfaire les amateurs de **plongée sous-marine** les plus chevronnés. Un tombant vertigineux de 200 m, planté de formations coralliennes, dont les plus beaux aspects se situent sur **Okuto et Tunia**, alentour de **la baie de Chole.** On reconnaîtra une grande variété de poissons parmi lesquels, communément surnommés, les napoléons, clowns, papillons, anges, trompettes, soldats, lions, perroquets... L'île, peu peuplée, est couverte de cocotiers et de noyers.

Carnet d'adresses

Kenya

Indicatif téléphonique 254 20

HÔTELS

Leopard Rock Lodge, *****
Région de Lamu.
Dans ce lodge entièrement refait, le luxe extrême est au rendez-vous. Situé au bord de la rivière Tana, on peut facilement aller voir crocodiles et hippopotames en faisant une balade à pied.

Larsen's Tented Camp, *****
Samburu.
Le camp le plus luxueux de Samburu, sur les berges de la rivière Ewaso Nyiro. Vingt tentes font face à la rivière avec, pour chacune d'elles, coin salon, bureau, ventilateur, dressing et salle de bains.

Norfolk, ****
Nairobi.
Construit en 1904, c'est le plus ancien hôtel de la ville. Encore très populaire, il s'en dégage un charme chic et nostalgique.

Tortilis Camp, ****
Amboseli.
Un camp de 20 tentes qui offre tout le charme et l'élégance dont s'alimente le rêve des grands safaris. Superbe.

Ol Tukaï Lodge, ****
Amboseli.
Etablissement de 80 chambres situé près d'*Amboseli Lodge,* au beau milieu du parc, d'où la vue sur le Kili est fantastique.

Finch Hattons, ****
Tsavo ouest.
Sans doute le plus beau camp du Kenya, récompensé en 2003, 2004 et 2005 et réputé pour l'observation des oiseaux. Cadre splendide. Excellente table et très bon service. Paradisiaque !

Man Eaters Camp, ****
Tsavo ouest.
Ce superbe camp de luxe avec piscine regroupe 30 tentes spacieuses, montées au bord de la rivière Tsavo. Une vue exceptionnelle.

Taita Hills Safari Lodge, ****
Taita Hills (Tsavo ouest).
La réserve privée englobe trois hôtels, le luxueux *Taita Hills Lodge,* l'exotique *safari camp* et l'excentrique *Salt Lick Lodge.*

Safari Park Hôtel & Casino, ***
Nairobi.
Décoration d'inspiration africaine à 15 min du centre-ville. 204 chambres confortables. Piscines, tennis, centre de remise en forme et golf à proximité.

Elementeita Lodge, ***
Nakuru.
L'ancienne ferme de Lord Cole offre une splendide vue panoramique sur le lac et les nombreux cônes volcaniques situés dans la vallée du Rift.

Voi Safari Lodge, ***
Tsavo est.
Parfaitement intégré à son environnement, un joli *lodge* de bois et de pierre dressé sur un piton rocheux. Vue magnifique.

Amboseli Serena Safari Lodge, ***
Amboseli.
Intégrées dans un îlot de végétation, les 96 chambres de l'hôtel jouent

une discrétion de bon goût. Service irréprochable.

Mombasa Sud

Indicatif

téléphonique 254 40

HÔTELS

Indian Ocean Beach Club, ****

Diani Beach.

Un hôtel de haut niveau d'une centaine de chambres sur deux niveaux, construites dans un style local. Cuisine raffinée.

Mwazaro Lodge, ****

Ukunda, près de Diani Beach.

Un lodge authentique, en harmonie avec la nature, sur une plage de sable blanc.

Ocean Village Club, ****

Diani Beach.

L'un des rares hôtels de la côte à avoir gardé taille humaine. La tranquillité est le maître mot des lieux. Situé à 35 km du centre-ville de Mombasa, l'Ocean Village Club est dissimulé dans une vraie forêt tropicale. Ici, les parties communes donnent l'impression d'avoir été construites en fonction de la végétation, et non le contraire. De nombreuses espèces, notamment des singes, s'y épanouissent en liberté. Ouvert depuis une quinzaine d'années, l'établissement a su séduire une clientèle qui y revient parfois cinq à six fois…

Maison d'hôtes de Danièle Fernandez, ****

Kinondo-Cove, à 45 km de Mombasa, www.kenya-sejour.com

Une chambre d'hôtes dans la superbe villa africaine Khaya, construite en pierres de corail et toit de makuti, les pieds dans l'eau… Les suites disposent de salle de bain privée, de climatisation et d'une terrasse. Une cuisine aménagée et un salon-salle à manger sont à votre disposition. Pension complète également proposée, avec un cuisinier professionnel qui vous fera découvrir la cuisine swahilie kenyane et tout ce qui provient de la mer.
L'accueil chaleureux de Danièle ajoute au charme de la villa qui se trouve dans un petit paradis rempli de baobabs et d'une végétation luxuriante. Autour de la maison qui dispose d'une piscine, singes colobes, dik-diks et oiseaux multiples vous tiennent compagnie.
Attention, la maison n'accueille pas plus de 4 personnes à la fois.

Diani Sea Lodge & Resort, **

Diani Beach.

170 chambres simples mais agréables, installées autour d'une belle piscine. Un bon rapport qualité/prix pour les familles et les couples.

Mombasa Nord

Indicatif

téléphonique 254 41

HÔTELS

Sarova Whitesands Beach Resort & Spa, ****

Bamburi Beach.

Un grand hôtel de 338 chambres face à la mer, doté d'une immense piscine. Nombreuses activités nautiques.

Serena Beach Hôtel & Spa, ✳✳✳✳
Shanzu Beach.
A 18 km du centre-ville, un luxueux hôtel de 166 chambres de décoration mauresque. Atmosphère élégante. Service raffiné.

Kipungani Explorer, ✳✳✳✳
Lamu.
Au sud de l'île, 12 magnifiques chalets dans un paysage de dunes de sables. Idéal pour les apprentis Robinson.

Coral Key Beach Resort, ✳✳✳
Malindi.
Une belle réalisation de 150 chambres, construites sur deux niveaux autour d'une piscine. Bar original dans un bateau.

Masai Mara

HÔTELS

Little Governor's camp, ✳✳✳✳
17 luxueuses tentes plantées parmi les arbres, entre rivière et marais. Le charme absolu à l'état pur !

Intrepids Club, ✳✳✳✳
Même si les derniers travaux lui ont ôté un peu d'authenticité, le camp reste charmant. Pont privé au-dessus de la Talek.

Masai Mara Sopa Lodge, ✳✳✳✳
Un lodge avec piscine, à l'entrée du Masai Mara, offrant une vue magnifique sur le parc. Le soir, des hyènes viennent manger les restes du repas.

Fairmont Mara Safari Club, ✳✳✳✳
Installé à 45 km au nord de la réserve en terre masai, les 50 tentes offrent confort et espace. Demander la nº 12.

Mara Paradise Lodge, ✳✳✳
Pas de folklore safari ici mais une architecture de bois originale. 84 chambres et quelques tentes situées sur la rivière Talek.

Sekenani Camp, ✳✳✳
Charmant et chic, le camp comprend quinze tentes luxueuses noyées dans la verdure. Intimité garantie. Table gastronomique.

Keekorok Safari Lodge, ✳✳✳
Ses 86 chambres occupent une situation privilégié dans le Mara. Il est fort fréquenté. Accueil moyen, service inégal.

Paradise Mara Lodge, ✳✳
Mara Paradise.
Joliment penché sur la rivière, l'ensemble, 78 chambres, n'est pas déplaisant. Bar agréable. Prix attractifs. Très fréquenté.

Kisumu

Indicatif téléphonique 254 035

HÔTELS

Mount Kenya Safari Club, ✳✳✳✳
Mount Kenya.
Prestigieux établissement inscrit dans un magnifique parc, où se déploie un parcours de golf.

Intrepids Club, ✱✱✱✱
Samburu.
A l'ouest de la réserve, 27 tentes très haut de gamme sur pilotis face à la rivière Nyiro. Atmosphère raffinée et exclusive.

Sarova Shaba Game Lodge, ✱✱✱✱
Shaba.
85 chambres et suites réparties dans de petits bâtiments de pierre dans un magnifique jardin face à la rivière. Splendide.

Sunset Hotel, ✱✱✱
Kisumu.
Un ensemble de 50 chambres avec vue sur le lac.

Lake Naivasha Country Club, ✱✱✱
Naivasha.
Au beau milieu d'un jardin, un bel hôtel de 50 chambres et 1 cottage qui s'ouvre sur le lac. Possibilité de location de bateau.

Island Camp Baringo, ✱✱✱
Baringo.
23 tentes avec toilettes et douches, dressées à la pointe sud d'une petite île. Organisation de promenades en bateau.

Mountain Lodge, ✱✱✱
Mount Kenya.
42 chambres accrochées dans les arbres, face à un point d'eau où viennent s'abreuver les animaux.

The Ark, ✱✱✱
Aberdare.
L'*Aberdare Country Club* constitue la porte d'entrée au *lodge*. 60 chambres accrochées dans les arbres comme une arche.

Larsen's Camp, ✱✱✱
Samburu.
Un camp de 17 tentes simples et chic, au contact de la nature. Difficile de faire plus exotique. Restauration et service soignés.

Samburu Serena Lodge, ✱✱✱
Buffalo.
Une trentaine de petits cottages de deux chambres avec terrasse sous toit de chaume face à la rivière Nyiro.

Lake Bogoria Hotel, ✱✱
Bogoria.
Deux kilomètres avant l'entrée de Loboi, un ensemble de cottages avec piscine dans un grand parc planté d'acacias.

Sarova Lion Hill Lodge, ✱✱
Nakuru.
67 chambres agréables avec vue sur le lac, regroupées deux par deux dans des pavillons de pierre grise un peu ternes.

Mount Elgon Lodge, ✱✱
Mont Elgon.
Un vieux manoir transformé en un hôtel de 14 chambres à proximité de l'entrée du parc de Chorlim Gate.

RESTAURANTS

Tamarind, 🍴🍴🍴🍴
Nairobi : National Bank Building, avenue Harambee.
Mombasa : Cement Silos Road
Réputées comme les meilleures tables des deux villes.

Mandhari, 🍴🍴🍴🍴
Nairobi. Avenue Kenyatta.
Le restaurant chic du *Serena Hotel.*

Alan Bobbe's, 🍴🍴🍴🍴
Cianda House, Koinange Street.
Un bistrot style français très haut de gamme.

African Heritage, 🍴🍴🍴
Rue Banda.
Spécialisé dans la cuisine africaine, il propose un buffet éthiopien tous les soirs.

SORTIR À NAIROBI

Carnivore Simba Saloon
Sur la route du Parc National.
Jazz chaque jeudi, rock le mercredi, samba le vendredi…

L'InterContinental
City Hall Way.
Jazz le vendredi.

Harry's Bar
Ambiance raffinée à l'hôtel *Grand Regency.*

SHOPPING À NAIROBI

African Heritage
MBA Road

KikoRomeo
Eldama Ravine Road

Spinner's Web
Kijabe Street
Nombreuses boutiques sur l'avenue Kenyatta.

ADRESSES UTILES

Ambassade de France à Nairobi
Barclay's Plaza (9th floor), Loita Street, Box 41784, tél. : (20) 277 8000.

Consulat de France à Mombasa
P.O. Box 90262, tél. : (11) 43 52 61.

Tanzanie

Indicatif téléphonique 255

HÔTELS

Klein's Camp, ✳✳✳✳✳
Serengeti.
Certainement l'un des plus beaux camps d'Afrique de l'Est. Dans les plaines du parc, non loin du Masai Mara kenyan.

Lake Manyara Tree Lodge, ✳✳✳✳✳
Manyara.
Un lodge de luxe composé d'une dizaine de bungalows sur pilotis, avec toits en feuilles de palme, au coeur d'une forêt d'acacias. La décoration des chambres combine artisanat traditionnel et mobilier contemporain. Luxe ultime : un maître d'hôtel attitré pour chaque chambre…

Tarangire Tree Tops, ✳✳✳✳✳
Abords du parc national de Tarangire, à 125 km d'Arusha.
Un camp de luxe niché dans les baobabs pour une expérience rare. Le concept est très original : 20 *treehouses* sur pilotis sont perchées à plusieurs mètres du sol. Certaines sont même construites autour des baobabs.

Sopa Lodge, ✳✳✳✳
N'Gorongoro.
92 vastes chambres réparties dans 24 bungalows. Sur les rebords du cratère, une agréable architecture laissant la part belle à la vue et la lumière.

Moivaro Coffee Plantation, ✹✹✹✹
Arusha.
Meubles en bois foncé, piscine et cuisine savoureuse à base de légumes bio du jardin constituent les atouts de ce sublime *lodge* où le calme est roi.

Crater Lodge, ✹✹✹✹
N'Gorongoro.
Un ensemble original de constructions mariant l'inspiration d'un architecte délirant au style classique local. Exceptionnel.

Serena Lodge, ✹✹✹✹
N'Gorongoro.
Bien intégré dans l'environnement. Bois, pierre, herbe sèche et piliers sculptés.

Grumeti River Camp, ✹✹✹✹
Serengeti.
Un très beau camp de 10 tentes face à la rivière Grumeti, dessiné par l'architecte qui a réalisé le *Crater Lodge*. Inventif et *smart*.

Serena Safari Lodge, ✹✹✹
Lac Manyara.
L'établissement se compose de plusieurs pavillons circulaires pour un total de 54 chambres. Vue plongeante sur le lac.

Sea Cliff, ✹✹✹
Dar es-Salaam.
Un bâtiment de 92 chambres à l'écart de la ville, avec tout le confort, dominant l'océan. Restaurant, bar, piscine, *fitness*.

Mount Meru Lodge, ✹✹
Etosha.
17 bungalows individuels et disparates, dont certains donnent sur un petit parc avec zèbres, élands, cobs et autruches.

Safari Lodge, ✹✹
Tarangire.
Surplombe un splendide amphithéâtre naturel planté de baobabs et peuplé d'éléphants.

Wildlife Lodge, ✹✹
N'Gorongoro.
Un grand bâtiment faisant face au plus beau panorama sur la caldeira. Un bon rapport qualité/prix.

Lobo Wildlife Lodge, ✹✹
Serengeti.
Logées dans les rochers, avec lesquels elles forment un ensemble original, les chambres offrent confort et charme.

ADRESSES UTILES À DAR ES-SALAAM

Ambassade de France
Ali Hassan Mwinyi Road, B.P. 2349, tél. : 219 88 00.

Zanzibar

HÔTELS

Emerson & Green, ✹✹✹✹
Stone Town.
Au milieu de la ville, cette ancienne demeure de sultans vaut nécessairement une visite. On y trouve tout le romantisme mythique de Zanzibar. Beaucoup d'âme et 10 chambres. Ne pas manquer le restaurant sur le toit pour le coucher du soleil.

Serena Inn, ✹✹✹✹
Stone Town.
51 chambres logées avec bonheur dans les murs d'anciens bâtiments coloniaux. Confort, service, charme irréprochables.

Tembo House, ✱✱✱
Stone Town.
Il possède un confort satisfaisant, un charme suranné, un service moyen. 29 chambres avec vue sur le port.

HÔTELS BALNÉAIRES

A quelques kilomètres au sud de Zanzibar, **Mbweni Ruins Hotel** est très agréable.

Breezes Beach Club & Spa, ✱✱✱✱
Charme, élégance, confort, table, font de cet établissement un des plus agréables de l'océan Indien.

Bluebay Beach Resort, ✱✱✱✱
Sur Kiwengwa, l'une des plus belles plages de sable fin de l'île. 88 chambres avec vue sur l'océan.

Sultan Palace, ✱✱✱✱
Une étonnante combinaison de pavillons circulaires en pierre corallienne, répartis dans un jardin tropical surplombant la mer.

Mnemba Island Lodge, ✱✱✱✱
Une dizaine d'habitations dressées sur une île de sable blanc privée, à quelques centaines de mètres du rivage nord-est d'Unguja. Luxe et simplicité.

The Sau Inn, ✱✱
Sur la très belle plage de Jambiani. 27 chambres réparties dans une dizaine de bungalows. Un hôtel simple pour une clientèle plutôt jeune.

RESTAURANTS

Stone Town, 🍴🍴
Face à l'hôtel Tembo.
Un établissement célèbre pour ses poissons et ses fruits de mer, tenu par un Français.

Emerson's House, 🍴
1 563 Mkunazani Street.
Au dernier étage, le rendez-vous de tous les routards, avec une vue splendide.

En savoir plus

Lexique

Le swahili est une langue musicale. L'intonation compte en grande part pour la compréhension des phrases.
En règle générale, l'accent est porté sur l'avant-dernière syllabe.
Et chaque voyelle compte pour une syllabe. Si les voyelles « a », « i » et « o » se prononcent comme en français, le « e » se prononce « é » et le « u » se prononce « ou ».
Parfois la voyelle est doublée, comme dans Kuu (grand). Cela doit être traduit par un allongement de la voyelle. Mais les dialectes swahilis présentent plusieurs variantes. Heureusement tout le monde, ou presque, parle anglais !

Formules de politesse

Bonjour : *jambo.*
Comment ça va ? : *hujambo.*
Très bien : *mzuri sana.*
Quelles nouvelles ? : *habari gani ?*
Bienvenue : *karibu.*
Merci : *asante sana.*
S'il vous plaît : *tafadhali.*
Au revoir : *kwaheri.*
Monsieur : *bwana.*
Madame : *mama.*
Mon nom est… : *jina langu…*

Les jours

Lundi : *jumatatu.*
Mardi : *jumanne.*
Mercredi : *jumatano.*
Jeudi : *alhamisi.*
Vendredi : *ijumaa.*
Samedi : *jumamosi.*
Dimanche : *jumapili.*

Mots courants

Oui : *ndiyo.*
Non : *hapana.*
Argent : *pesa.*
Combien ? : *ngapi ?*
Moi : *mimi.*
Toi : *wewe.*
Lui, elle : *yeye.*
Je veux : *ninataka.*
Tu veux : *unataka.*
Il veut : *anataka.*
Je ne veux pas : *sitaki.*
Tu ne veux pas : *hutaki.*
Il ne veut pas : *hataki.*
Donnez-moi : *nipe.*
Je ne comprends pas : *sielewi.*

Mots courants à table

Nourriture : *chakula.*
J'ai : *nina.*
J'ai faim : *nina njaa.*
J'ai soif : *nina kiu.*
Bouteille : *chupa.*
Assiette : *sahani.*
Verre : *glasi.*
Couteau : *kisu.*
Fourchette : *uma.*
Cuillère : *kijiko.*
Serviette : *kitambaa.*
Café : *kahawa.*
Bière : *bia.*
Thé : *chai.*
Eau minérale : *maji safi.*
Glaçon : *barafu.*
Pain : *mkate.*
Beurre : *siagi.*
Pomme de terre : *kiazi.*
Légume : *mboga.*

Compter

0 : *sifuri.*
1 : *moja.*
2 : *mbili.*
3 : *tatu.*
4 : *nne.*
5 : *tano.*
6 : *sita.*
7 : *saba.*
8 : *nane.*
9 : *tisa.*
10 : *kumi.*

11 : *kumi na moja.*
20 : *ishirini.*
30 : *thelathini.*
40 : *arobaini.*
50 : *hamsini.*
60 : *sitini.*
70 : *sabini.*
80 : *themanini.*
90 : *tisini.*
100 : *mia.*
1 000 : *elfu.*
10 000 : *elfu kumi.*
100 000 : *laki.*

Bibliographie

Romans

Le Lion, Joseph Kessel (Folio, Gallimard). Une histoire d'amour entre une petite fille et un lion.

La Ferme africaine, Karen Blixen (Gallimard). Les aventures amoureuses d'un colon dans les Highlands.

Les Racines du ciel, Romain Gary (Folio, Gallimard). La lutte d'un homme pour que survivent les éléphants.

Petite musique de chambre sur le mont Kenya, Vivienne Wattewille (Payot). Récit d'un voyage de Nairobi au mont Kenya.

Comment j'ai rencontré Livingstone, Henry Stanley (Actes Sud). Le récit d'une rencontre historique sur les Grands Lacs.

Du Harrar au Kenya, Henry de Monfreid (Grasset). Une aventure africaine du célèbre navigateur.

Born Free, Joy Adamson (Fontana/ Collins Harvill). Du même auteur : *Living Free, Forever Free, The Quenn of Shaba*, etc. Une dizaine de titres sur la vie des grands fauves. En français, *Pipa la guéparde* (Flammarion).

Joy et nos lions, George Adamson (Stock).

Albums

Majestueux Kenya, Eve Sivadjian/Hoa Qui (Atlas).

Le Kenya vu du ciel, Arthus Bertrand/ Altitude (La Martinière).

Le Kenya, Jean La Rivière/Hoa Qui (Le Chêne Évasion).

Le Kenya en images, Michael Tomkinson (Tomkinson).

Histoire

Le Kenya, Denis et Marie-Christine Martin (Que sais-je ?, PUF).

Le Kenya contemporain, Gérard Prunier et François Grignon (Karthala).

Histoire politique du Kenya, Daniel Bourmaud (Karthala).

Sous le masque Mau Mau, Henry de Monfreid (Grasset).

The Peoples of Kenya, Joy Adamson (Collins & Harvilles).

Swahili entre Afrique et Arabie. Le Guennec-Coppens (Karthala).

Kenya, Afrique des Grands Lacs. Milley et Thoraval (Petite Planète).

La Longue Marche des éléphants, Cynthia Moss (Robert Laffont).

Recette

Steak de koudou ou d'oryx (2 pers.)

Il est fréquent que les restaurants, notamment de brousse, servent du gibier. Ce peut être de l'antilope comme du zèbre et même de la girafe. A Nairobi, le restaurant touristique *Le Carnivore* est réputé pour ses viandes grillées d'impala, d'autruche, de buffle, de phacochère, de crocodile... Dans les plus fins restaurants, la viande est marinée avant d'être saisie sur le grill ou dans la poêle. Elle est généralement accompagnée de pommes de terre et d'oignons. Difficiles à trouver en France, ces types de viandes peuvent être remplacés par du bœuf ou, en saison, du sanglier ou de la biche. Mille excuses auprès des végétaliens!

Temps de préparation
7 h à 8 h de marinade.
Temps de cuisson
Quelques secondes.

Ingrédients pour marinade
- 2 steacks
- 120 ml d'huile de maïs
- 5 cuillères à soupe de marjolaine
- 5 cuillères à soupe de thym avec si possible sa fleur
- 1 cuillère à soupe de poivre concassé
- 1 cuillère à café de sel

Ingrédients pour accompagnement
- 6 tomates entières pelées et épépinées
- 2 cuillères à soupe de vin rouge
- 1 cuillère à soupe de sucre en poudre

Préparation
Mélanger dans un plat les ingrédients pour la marinade : huile, herbes, sel et poivre.
Y placer les steaks en les enrobant de marinade. Les placer au réfrigérateur durant quelques heures en les retournant de temps en temps.
Saisir la viande dans une poêle déjà chaude durant plus ou moins de temps en fonction de la cuisson souhaitée.
La déposer au chaud dans un plat de service.
Placer les tomates dans le jus de cuisson de la viande et faire cuire durant 5 à 8 min avant d'incorporer le sucre. Saisir à feu vif jusqu'à caramélisation et déposer dans le plat de service.
Déglacer avec le vin rouge. Arroser les tomates.
Placer un brin de thym sur la viande en décoration.

LES GUIDES MONDEOS
POUR SAVOIR OÙ VOUS ALLEZ
120
120 PAGES
80
PLUS DE 80 PHOTOS, CARTES, PLANS...
4
4 CARTES POSTALES INCLUSES
115
PLUS DE 115 TITRES DISPONIBLES
INDONÉSIE
JAPON
POUR SEULEMENT 4,95 €
guides mondeos

A
B
C
REP. CENTRAFRICAINE
SOUDAN
KENYA
TANZANIE
ZANZIBAR
1
2
3
4
5
6
Plateau Turkana
Lac Turkana
Nil
P.N. de Turkan
Lac Kyoga
Lac Albert
P.N. du Mont Elgon
4321
Kitale
Vallée du Kerio
OUGANDA
P.N. Saiwa Swamp
Kakamega
Eldoret
Lac George
Kampala
Kisumu
Nakuru
Lac Edward
Lac Nakavali
Homa Bay
Kericho
Parc Nakur
Ile Mfangano
Kisii
Lac Naivasha
Kyaka
Bukoba
Musoma
Réserve Naturelle Masai Mara
RWANDA
Lac Victoria
Nansio
Kigali
Lac Natron
P.N. Serengeti
Ngara
Mwanza
BURUNDI
P.N. N'Gorongoro
RÉPUBLIQUE DEMOCRATIQUE DU CONGO (ex-Zaïre)
Bujumbura
Kibondo
Shinyanga
Wembere
Lac Eyasi
Lac Manyara
P.N.Tarangire
Stepp
Urambo
Tabora
Kigoma
Singida
Kondo
Mts Makari
Manyoni
Lac Tanganyika
P.N. Katavi
Dodoma
Karema
TANZANIE
Ugalla
Kipili
P.N. du Ruahai
Lac Rukwa
Iringa
Sumbawanga
Manda
Mbeya
3180 m
Mts Livingstone
Njombe
Lac Malawi
Songea
ZAMBIE
MALAWI

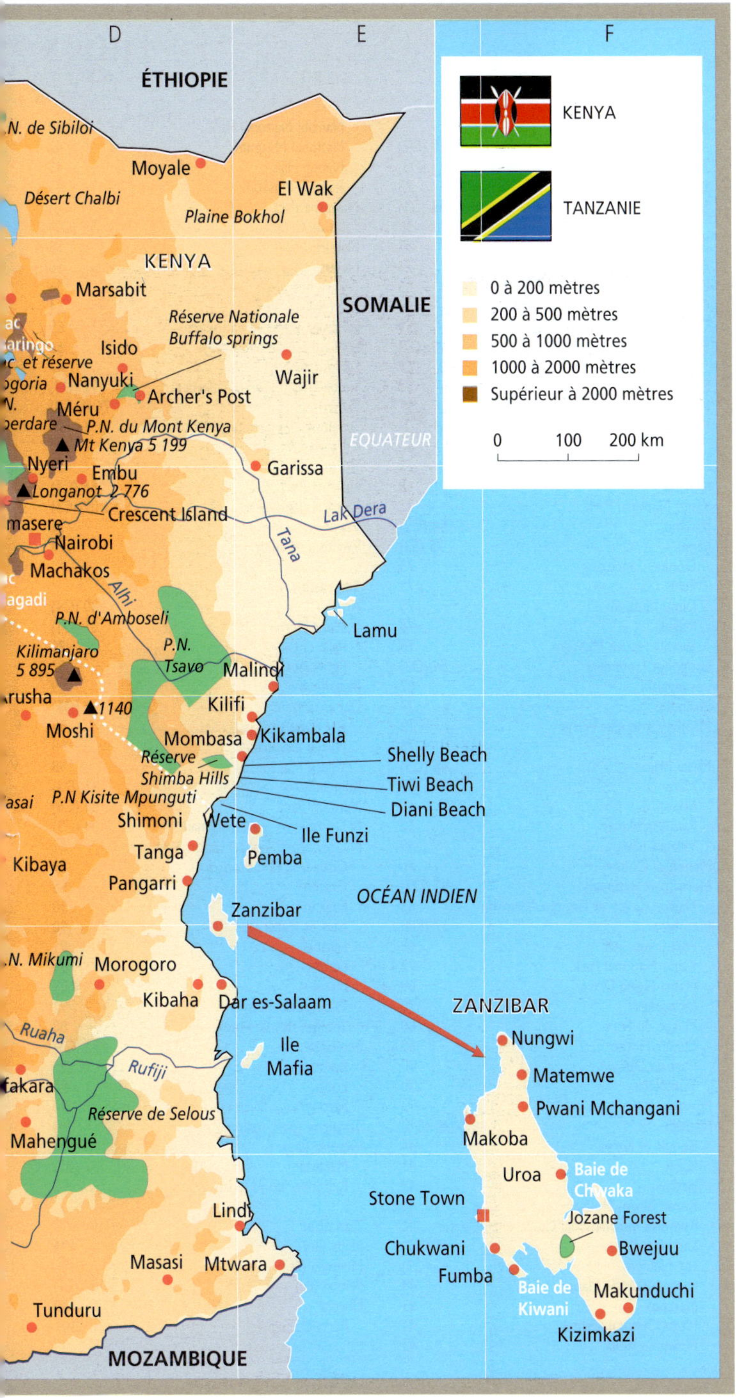
D
E
F
ÉTHIOPIE
KENYA
TANZANIE
0 à 200 mètres
200 à 500 mètres
500 à 1000 mètres
1000 à 2000 mètres
Supérieur à 2000 mètres
0
100
200 km
.N. de Sibiloi
Moyale
Désert Chalbi
El Wak
Plaine Bokhol
KENYA
Marsabit
Réserve Nationale
Buffalo springs
SOMALIE
Isido
Wajir
Nanyuki
Archer's Post
Méru
P.N. du Mont Kenya
Mt Kenya 5 199
EQUATEUR
Nyeri
Embu
Garissa
Longanot 2 776
Crescent Island
Lak Dera
Nairobi
Tana
Machakos
Athi
P.N. d'Amboseli
Lamu
Kilimanjaro
5 895
P.N.
Tsavo
Malindi
1140
Kilifi
Moshi
Mombasa
Kikambala
Réserve
Shimba Hills
Shelly Beach
Tiwi Beach
Diani Beach
P.N Kisite Mpunguti
Shimoni
Wete
Ile Funzi
Pemba
Tanga
Kibaya
Pangarri
OCÉAN INDIEN
Zanzibar
Morogoro
Kibaha
Dar es-Salaam
ZANZIBAR
Nungwi
Ruaha
Ile
Mafia
Rufiji
Matemwe
Pwani Mchangani
Réserve de Selous
Mahengué
Makoba
Uroa
Baie de
Stone Town
Lindi
Jozane Forest
Chukwani
Bwejuu
Masasi
Mtwara
Fumba
Baie de
Kiwani
Makunduchi
Tunduru
Kizimkazi
MOZAMBIQUE

Index

(A1) localisation sur la carte du pays